人事評価制度の課題が
これで解消！

評価をしない評価制度

人事コンサルタント
社会保険労務士
榎本あつし

アニモ出版

はじめに

「評価をしない評価制度」はなぜ生まれたか？

　もう3、4年前でしょうか。かなりの衝撃を受けた出来事がありました。

　私が代表理事を務めている社団法人で行動科学の勉強会を開催した際に、大学教授にゲスト講演してもらったことがあったのです。そこで映し出されたスライドを示しながら、教授は、「よいとかダメとか、そのような評価はしなくても、事実だけを伝えればパフォーマンスは上がるのです」と話したのです。

　そのスライド資料がどのようなものか正確には覚えていないのですが、「事実の振り返り」を始める前後のビフォー・アフターが記載されていて、そこにははっきりとパフォーマンスが向上しているグラフがありました。

　当時から、私は人事評価制度を専門的に取り扱っていたので、「望ましいこと」をしたら、しっかりと「よい評価」をすることが、モチベーション向上につながって、パフォーマンスも上がるのが当たり前だと思っていました。それなのに、「ほめなくてもよいのか」とかなりのショックを受けました。しかしそれ以上に、ここに大きな可能性を感じたのです。

　「評価をしなくても、パフォーマンスは上がる！」

　私がいつもお客様に伝えている「人事評価制度は、人材育成と業績向上を目的に使いましょう」ということが、「評価」をしなくても実現できるのではないか。

　いつも苦労している評価者からの「忙しくてできない」「上司の負担が大きい」という悩み、一方で「上司の評価にはバラつきがある」「結局は好き嫌いで評価されている」などの被評価者側からの不満。これらがまとめて解決できるのではないか！

と、思わず声を出しそうになるくらい、私のなかではパラダイム・

シフトがあったのでした。そして、これを制度にしてみよう！ と。

　ただ、そこからすぐに開発…とはいかず、日々の業務に追われて、なかなかこれを実際にサービスとして実施できるところまでまとめきれずにいたまま、数年が経過してしまいました。

　しかし2020年、働き方が大きく変わる事態が発生。企業で働く人たちが、会社に出勤せず、自宅などのテレワークで仕事をするということが、意図せずとも当たり前になってきました。

　そして起きてきた「評価」の問題。私の会社ですでに導入支援をしていたお客様から「ふだん、まったく見ていないのに、どうやって部下を評価したらよいのか」という相談がたくさんくるようになったのです。

　従来の評価制度だと、

●コミュケーション力は高いか

●リーダーシップを発揮しているか

●積極的にチャレンジしているか

などについて、上司がふだんからしっかりと観察し、それを評価していくわけですが、この「ふだんの観察」ができなくなったのです。

　企業によっては、当面は評価をせずに定期昇給のみ行なう（コロナ禍の影響が大きいために事業経営が厳しくなり、定期昇給もなしの企業も）、などと人事評価制度をいったんストップしているところも出てきています。そこで、いまこそこの「評価をしないで、人材育成や業績向上につながる制度」を広めていこう、と制度のパッケージ開発に取り組み、ようやく世に出せるようになったのです。

　一見、どういうこと？　と思われるような「評価をしない評価制度」ですが、その現実的な内容と、大胆に「評価」の要素を抜き取ったことからくるメリット、そしてこの制度の可能性——それらをこの本にすべて取り入れて、読者の皆さんにお伝えしたいと思っています。ぜひ最後までお読みいただければ幸いです。

　2020年12月　　　　　　　　　　　　　　　　榎本　あつし

【評価をしない評価制度の特徴】

特徴 ①

「Ａ評価、Ｂ評価、Ｃ評価…」「80点、70点、60点…」などの、どうしても評価者の主観が伴ってしまう評価を行なわず、「何件だった」「完成した」「こんな行動をした」という事実だけをフィードバックします。上司のスキルの差による影響は受けないため、被評価者側の納得性が大きく変わってきます。

特徴 ②

評価をしないかわりに、「パフォーマンス・フィードバック（Ｐ・Ｆ）」という行動科学にもとづいた手法を用います。Ｐ・Ｆによる「事実の振り返り」を行なうことで、自己成長と成果の達成を実現します。

特徴 ③

特に中小企業に最適の制度です。テレワークという働き方が進むなか、部下を見ていなくても運用できます。また、プレイヤーとしての比率が高い中小企業の管理職には、評価に取られる時間、労力がなくなり、本来の役割に注力できるようになります。

【次のような悩みを抱えている方におススメ】

①テレワークが増え、部下をどう評価すべきかわからない

②評価基準が不明確というような不満が出ている

③評価者により甘い辛いのバラつき、好き嫌いなどが出ている

④評価者から部下へのフィードバックができていない

⑤評価者の評価スキルが低い

⑥自己評価より低く評価された社員から不満が出ている

⑦評価者が忙しくて評価に取り組めない。負担となっている

⑧評価制度が形骸化して、ただやっているだけになっている

⑨同一労働・同一賃金に対応できる制度にしたい

【よくある質問 Q&A】

Q	評価をせずに、給与・賞与はどのように決めるのですか?
A	勤続給、年齢給などの決め方もありますが、おススメは「役割等級×業績」方式です。個人ごとの評価ではなく、会社の業績と、本人の役割等級にもとづいて決めるというシンプルな制度です。
Q	なぜ、人材育成や成果の達成につながるのですか?
A	パフォーマンス・フィードバック(P・F)という手法を使います。行動の事実を記録し、それを共有して振り返ることで、本人のパフォーマンスが上がっていきます。実際に、「P・F」と「評価」であまり差がないことが証明されています。
Q	まったく評価をしないのですか?
A	年次の評価、査定などはまったく行ないません。その負担をなくすことが重要です。ただし、「いいね」「頑張っているね」というふだんのコミュニケーションにおける承認(評価)は行ないます。動機づけにとても有効です。
Q	いわゆる「ノーレイティング」とは違うのですか?
A	かなり異なります。いわゆる「ノーレイティング」は、管理職層が、年次ではなく、プロジェクトや業務単位で評価を決定していきます。欧米の名だたる企業の優秀なマネージャーだからこそなせる業で、プレイヤー要素が強い日本の中小企業の管理職がやっていくのは非常に困難です。
Q	「行動科学」とはなんですか?
A	本書に出てくる行動科学とは、「応用行動分析学」という行動に特化した学問です。理系の心理学とも呼ばれ、行動データを取って分析、応用するものです。アメリカでは、これをベースに人事コンサルティングを行なっている企業も多くあります。

```
評価をしない評価制度
もくじ
```

パフォーマンス・フィードバック（P・F）とは

Break time コブラ効果 35

2章 「評価をしない評価制度」の課題と対処法

CONTENTS

CONTENTS

6章 「評価をしない評価制度」の運用のしかた

7章 「評価をしない評価制度」の資料集

※「評価をしない評価制度®」は、「榎本淳司（社会保険労務士法人
HABITAT 代表社員）」で商標登録しています。

カバーデザイン◎水野敬一　本文ＤＴＰ＆図版＆イラスト◎伊藤加寿美（一企画）

1章

「評価をしない評価制度」とは

1-1 「評価をしない評価制度」って どういうこと？

📄 点数やランク付けなどの「評価」はしない！

　評価制度なのに、評価をしない——いったい、何を言っているのだ、と思われるかもしれませんが、興味を持っていただいたことも事実ではないでしょうか。

　「評価をしない評価制度」とは、文字どおり「評価をしない」で、人事評価制度を運用するシステムとしての人事制度のことです。

　一般的な人事評価では、次のようなことを行なっています。

- ●達成度の評価は「85点」
- ●コミュニケーション力は「A評価」
- ●リーダーシップは「優れている」
- ●総合評価は「Aの2ランク」
- ●この点は「素晴らしい」けれど、こっちの点は「いま一つだね」

　上記にあるように、「85点」と点数をつけたり、「A評価」と評定をくだしたり、あるいは「優れている」「優れていない」「素晴らしい」「いま一つ」などといった「評価」、これを行なわないのです。

　上司は部下を評価しません。本人も自己評価を行ないません。

　しかし、評価を行なわない代わりに、することがあります。

　それが、この「評価をしない評価制度」の一番の特徴である「事実の振り返り」です。

📄 「事実の振り返り」とは

　「よい・悪い」「○○点だ」「○○評価だ」ということを行なわな

い代わりに、事実だけを上司・部下で共有し、それをこまめに振り返ります。

たとえば、次のようなことを行ないます。

> ● 設定した目標の「進捗確認」をする
> ● 今日の行動を「記録」する
> ● 成長項目への取組みを「チェック」する
> ● 総合的な「事実の振り返り」をする
> ● ここは「週３回行動した」けれど、
> 　こっちは「週ゼロだったね」

上記のように、成果に対しての進捗状況や、日々の業務において発揮したこと、取り組んだことなどの行動を追いかけます。そこに「よい・悪い」「多い・少ない」「Aだ・Cだ」などの「評価」を入れないのです。

事実だけを振り返るので、個人的な考え方、価値観に左右されません。上司はわかってくれない、部下は物足りない、などのズレも出てきません。ただ事実だけをお互いに確認するわけです。

「事実だけ確認して、何の意味があるのか」

「評価をしないで、何につなげようというのか」

と、思われるかもしれません。

しかし、意味は大いにあるのです。

評価をすることよりも、もしかしたら、その効果は非常に大きくなる可能性があります。

何の意味があるのか、何につなげるのか――実は、人事評価制度のつくり方で、ここが大きく変わります。

「評価をしない評価制度」が得意とすること。それは、社員の「パフォーマンスの向上」です。そして、そこから企業の「**業績向上**」につなげることなのです。

「制度」は手段であり
ツールに過ぎない

📄 人事評価制度の目的を忘れてしまっている

　人事評価制度を企業に導入、運用するにあたって、一番心得ておいてほしいこと、それは、人事評価制度は「手段」であって「ツール」にすぎない、ということです。

　この「手段」「ツール」を使って、その企業は**何を実現したいのか、何を成し遂げたいのか**。これを見失ってしまうことが、実は非常に多くの企業が陥っている「落とし穴」なのです。

　目的を忘れている状況に陥ってしまっている状態、いわゆる「手段」の「目的化」です。不満をなくそう、負担のかからないようにしよう、できるだけ公平にしなくては…ということにどうしても目が行きがちで、「手段」をなんとかしようと必死になっていて、大事な目的が抜けてしまっている状態です。

　これが、一般社員だけならまだしも、評価をする役割の上司や管理職、さらには人事担当者や経営者も、目的を忘れてしまっていることがあります。こうなると、まさしく「ただやっているだけ」の形骸化した人事評価です。ただおそらく、そのように形骸化した人事評価を行なっている企業も、導入当初は、「このようなことを実現したい」という目的があったはずです。

　人事施策には、必ず何かしらの「目的」があり、それを実現していくために導入、運用をしていきます。それでは「人事評価制度」という手段を導入、運用することの「目的」は何でしょうか、この制度はいったい何につながるのでしょうか。

📄 人事評価制度の目的とは何か

　人事評価制度の目的は、企業それぞれで多少なりとも異なると思

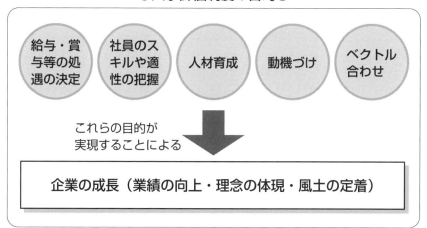

◎人事評価制度の目的◎

給与・賞与等の処遇の決定　社員のスキルや適性の把握　人材育成　動機づけ　ベクトル合わせ

これらの目的が実現することによる

企業の成長（業績の向上・理念の体現・風土の定着）

いますが、一般的には上図のようなことがあげられます。これら5つが人事評価制度によってもたらされるもの、つまり「目的」です。

人事評価制度を適正に運用（「適正に」が大事）していると、図にあるようなことが実現していきます。これらの目的のために、手間暇かけてやっている手段が人事評価制度なのです。

ただし目的にも、大きな目的と、それにつなげるための、その前段階の目的があります。

①給与・賞与等の処遇の決定
②社員のスキルや適性の把握
③人材育成
④動機づけ
⑤ベクトル（方向性）合わせ

この5つが、人事評価制度により実現できることの直接的な前段階の目的であり、そしてこれらが実現することにより、その先につながる大きな目的が、「企業の成長（業績の向上・理念の体現・風土の定着）」なのです。さらには、企業が成長してからの地域や社

会への貢献なども目的になってくることもあるでしょう。

📄 評価をしない評価制度の目的とは

　人事評価制度を導入したからといって、一足飛びに企業の成長にはつながりません。その前段階として、

● 給与・賞与を適正に決めることで社員の定着などにつなげる
● スキルや適性を把握し、よりよい組織構成につなげる
● 人材育成により、社員の能力を去年よりも今年と、毎年高まるようにしていく
● その人材が、指示待ちではなく積極的に自分から動くように動機づけられる
● その人材が、バラバラの方向に向かって分散するのではなく、同じ方向に向かって頑張っていく

　これらを実現して、結果として、企業の成長につながるのです。何度も繰り返して申し訳ないですが、これらの目的のための手段が人事評価制度というツールなのです。

　そして、「評価をしない評価制度」が得意とするもの、効果を発揮するものが、前述の前段階の目的のうちの右側の３つです。

　この３つの目的、①社員が成長し、②モチベーション高く行動し、③同じ方向を向いていく——つまり、社員の「パフォーマンス向上」につながっていくのです。

　ということは、逆に考えると、左側の「給与・賞与等の処遇の決定」と「社員のスキルや適性の把握」の２つは苦手としているのです。

　「なんだ、それでは人事評価の意味がないではないか」と、思わ

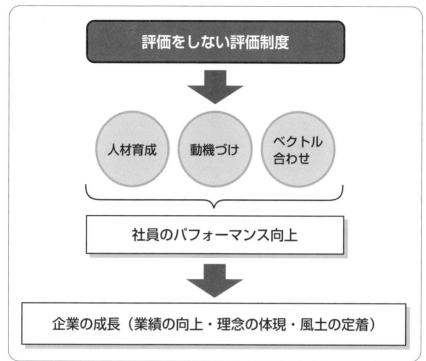

◎評価をしない評価制度の目的◎

評価をしない評価制度

↓

人材育成　動機づけ　ベクトル合わせ

社員のパフォーマンス向上

↓

企業の成長（業績の向上・理念の体現・風土の定着）

れるようでしたら、それはそのとおりなので否定はできません。

　しかし、そもそも人事評価制度は、これですべて網羅できる、これが完ぺきな制度だというものにするのは、現実的に難しいのです。

　もし、「給与や賞与を決めるため」「社員の適性を見極めるため」などが一番の目的であるのなら、この評価をしない評価制度ではなく、別の査定を目的にした人事評価制度を構築されることをお勧めすることになります。この「評価をしない評価制度」は、その部分を思い切って捨てることにより、残りの3つの目的の実現に向かって、最大限に効果を発揮させよう、という制度なのです。

　もし、この3つの目的の実現（＝社員のパフォーマンス向上）から、企業のめざす大きな目的につなげたいということに関心があるのであれば、ぜひ試していただく価値はあると思っています。

1-3 「評価をしない評価制度」が 生まれた背景

📄 2つのアンケートからわかること

「人事評価制度がうまくいかない原因は？」と、もしあなたが聞かれたら、何と回答されるでしょうか。ちょっと数十秒、考えてみましょう。

……

さて、何が思いついたでしょうか。思いついたなかには、もしかしたら「評価者が評価をする」ということに関わるようなこともあったのではないでしょうか。

以下は、2018年2月に実施された人事評価制度についての調査結果です。

＜人事評価制度に不満を感じる理由を教えてください。＞

● 評価基準が不明確…62.8％

● 評価者の価値観や経験によってばらつきが出て、不公平だと感じる…45.2％

● 評価結果のフィードバック、説明が不十分、または仕組みがない…28.1％

● 自己評価よりも低く評価され、その理由が分からない…22.9％

● 評価結果が昇進、昇格に結びつく制度ではない…22.0％

● 会社の定める評価指標が、現実に即していない…20.6％

（以下、略）

アデコグループ／2018年2月7日〜2月12日調査／n＝846
インターネット調査（日経BPコンサルティング調べ）

これらは、どちらかというと「評価される側」からの不満です。

次に、「評価する側」のアンケート調査も見てみましょう。

＜人事評価の運用において面倒、手間、負担、楽にしたい
**　　　　　　　　　　と感じることをお答えください。＞**

● それぞれの部下に対して適切な目標を設定することが難しい
　…58.8％

● 部下の目標の添削に時間がかかる…36.1％

● 客観的に評価を実施すること…36.1％

● 部下と面談を実施しなければならない…35.1％

● 評価に関する業務自体が自身の評価に加味されないこと…
　21.6％

● 過去に部下自身が設定した目標との比較が難しい…20.6％

● 面談で部下と何を話せばいいかわからない…12.4％

● 評価シートと部下本人を紐づけること…10.3％

　（以下、略）

あしたのチーム／2019年11月11日調査
n＝100（人事管理者、複数回答）／インターネット調査

いずれも、「難しい」「負担が大きい」という内容の意見になっています。

　この2つのアンケート調査の結果には、冒頭の「人事評価制度がうまくいかない原因は？」に対する回答として、頭に浮かんだことがきっと入っているのではないでしょうか。

　私はこれまで十数年、人事評価制度の仕事に携わってきましたが、このアンケート結果にあるようなことにたくさん悩まされてきました。

①部下（被評価者）が評価されることにより出てくる不満
②上司（評価者）が評価をすることの難しさ、負担、労力

　この２つは、わざわざアンケート調査などで確認しなくても、実はいつでも聞こえてくるものです。

　したがって各企業も、指をくわえて見ているわけでも、放っておくわけでもなく、そうならないように、たくさんの工夫、防止策をやってきたはずです。

　たとえば、しっかりと制度の説明をする、不満が出ないように明確な基準をつくる、評価者も被評価者も研修を行なう、シンプルで負担のないシートを使う、制度に取り組むことを評価項目にする…、などといったことです。

　しかし、それでも不満はなくなりません。いろいろと取り組んだ直後は多少ましになったとしても、また時間が経つと同様の不満が出てくるのです。

　そして、これら両者からの不満、問題点は、どんなに解消しようとしても、「人が人を評価する」ということを行なっている以上、どこまでいっても解消できない課題なのではないのか、と思ったのです。

1-4 人事評価制度の不満、問題点を検証してみると

①部下が評価されることにより出てくる不満

　この不満、いったいどこまで解決できるのかを考える必要があります。もちろん、何の取り組みもせずに放っておくのはもってのほかです。そうならないように、多くの企業が、不満が出ないようにと、先ほど例をあげたように、さまざまな工夫にそれなりに取り組んできたわけです。

　しかし、どれくらい取り組んでいけば、この不満は解消できるものなのでしょうか。

　それぞれ価値観の違いがある上司と部下。さらに職場における立場も、仕事をする意義も異なっていることも多いでしょう。

　そして「評価をする」ということは、「よい・悪い」「あなたは何点だ」というようなランク付けをすることになります。

　果たして、低い評価を受けた部下が、満足を感じることがあるのでしょうか。どんなに公正に評価をしたとしても、どれほどその結果が適正であったとしても、低いランクの評価を受けた部下が「満足です」なんていうことは、まずないのではないでしょうか。

　「公正」「適正」な評価ということと、「満足に思う」「不満に感じる」ことは別問題なのです。

　だから、「正しい評価をしましょう」「公正に評価しましょう」という取り組みは、確かに必要なのかもしれませんが、それを追求していったところで、不満を取り除けるものではありません。評価される立場の社員からは一定数、必ず不満が出てくるのです。

　しっかりと運用していたとしても、なかなか解消できない評価される側からの不満。もし、不十分なまま運用していたとしたら、なにをかいわんや、です。

そして、特に中小企業の場合は、評価者研修は最初に一度やったきり、その後、管理者になった人にはなにもやっていない、しっかりと評価結果を伝える面談をしていない、面談をしたとしても、上司は自分なりの面談のしかたをしている、評価も自分なりの基準で行ない、好き嫌いがある、ばらつきがある…、これが実態だったりします。

　社員の不満をなくすために人事評価制度を導入したはずなのに、逆に不満が増えている…。これは、本当によくあることなのです。

②上司が評価をすることの難しさ、負担、労力

　これも非常に多く聞かれることです。

　上司がしっかりと面談をしよう、好き嫌いではなく客観的に評価ができるスキルを身につけよう、部下の目標などについて添削をやっていこう、と考えてはみても、部下以上に忙しいのが上司です。

　ふだんの仕事でいっぱいいっぱいなのに、それとは別に人事評価に関わる時間をとらなければいけないなんて無理だ、適正な評価は難しい、仕事はそっちのけでいいのか、などと上司の不満が増大し、人事評価制度に対してますます取り組まなくなってしまうのが現実…。

　もちろん上司だって、部下の評価をしていくことがムダだ、などとは思ってはいません。評価することによって、部下を動機づけたり、成長させたり、成果を出してもらうことは、どの上司に聞いても重要なことだというでしょう。しかし、なかなか取り組めない、やっても難しい…。だからといって、その上司の意識が低い、管理職としての自覚がない、といっても何も始まりません。

　実際に、上司にはその時間とスキルがないのです。これは、日本の中小企業では本当に顕著です。

　日本の管理職、とりわけ中小企業で管理職になっている人たちは、自身がプレイヤーとして実績を出さなければならず、そしていつまでもプレイヤーとして会社の最大の顔であることがほとんどです。

これは、日本の企業はメンバーシップ型といわれるように、「会社」と契約し、そこで現場の仕事などを通じて、勤務年数とともに自身もスキルを上げて管理職になっていくという形の文化なのです。

　欧米のジョブ型のように、現場の仕事と管理の仕事を切り分けて、最初からマネジメントの仕事をメインに勉強してきて知識があったり、実践しながら成長してきているわけではないのです。

　管理職が、現場や実務の仕事を一番抱えているような状況、そして、それによって企業の売上げ、利益を支えているのも事実です。

　その人がプレイヤーだから、ということで顧客との信頼をつないでいる上司もよくいることでしょう。

　管理職だからといって、一概にプレイヤー要素を取り除き、マネジメントに注力する、ということができない状況がここにあります。

　しかし、人事評価の面においては、管理職が行なうことは多岐にわたっており、ここに改善しがたい問題が発生しているのです。

　もちろん、できるだけ上司の負荷を減らしていこう、という工夫、取組み方はあります。たとえば、評価のしかたを複雑化せずに、できるだけシンプルなやり方で運用したり、システムを使って多数の部下の資料をまとめられるようにしたり、部下側の目標設定の作成スキルを向上させたり…、といったことです。

　しかし、これらを実施してもどこまで解消できるのか、なのです。

　上司が部下を評価する以上、どうしてもある程度の負担、取られる時間、労力はついて回ります。上司ひとりに対して、部下は複数います。そして、その部下たちからは不満の声があがってきます。

　「評価をする」ということに対しての、上司の心身両方の負担は決して少なくありません。大事なこととはいえ、日本の中小企業の管理職にとっては、身についているスキル、実際の役割などから、評価制度にはかなり無理が出ている状況の企業も多いことでしょう。

　「評価をしない評価制度」が生まれた背景について、非常に大きい要因は以上の2つです。部下の不満と上司の負担は、そう簡単には解消できない、「評価をする」ということについて回る問題なの

です。

　そして、この２つ以外にもいくつか、「評価をしない評価制度」が生まれた背景となる要因があります。それは、「上司（評価者）のスキルの違い」「客観性の限界」「働き方の変化（テレワーク・ＩＴ前提の働き方）」です。

　そこで、この３つについて詳しく見ていきましょう。

📄 ③上司（評価者）のスキルの違い

　まずは、「上司（評価者）のスキルの違い」問題です。

　人事評価制度は、とにかく運用が大事なので、その運用の中心となる上司（評価者）は、それなりにスキルを身につけておく必要があります。具体的には、以下のようなスキルです。

【期初】

　期初の目標設定時には、部下のレベルにあった目標を、しっかりと組織の目標に連動するようなものとしてつくるよう、指導できるかどうか、そのスキルが求められます。

【期中】

　期中においては、部下の目標の進捗状況や、評価項目をしっかりと把握し、成果や成長に向けて行動している、頑張っているのであれば、承認などのコミュニケーションを取り、動機づけを図るというスキルが求められます。部下ができていない、サボっているようであれば、ここでもやはりコミュニケーションを取って指導し、促していくというスキルも必要になります。

【期末】

　期末に評価する際には、直前の印象だけで評価をしない、自分と比べて評価をしない、結果ありきで逆算しながら評価をしない、など陥りがちな〝やってはいけない評価のエラー〟を回避するというスキルを身につけておかなくてはいけません。

【コーチング的スキル】

　全体において、部下にいかに働きかけられるか、というスキルが

必要です。部下への働きかけは、コミュニケーションを取りながら実施することになるので、いわゆる「コーチング」的なスキルが求められます。

　たとえば、部下の話を傾聴する、部下の考えを引き出すような質問をする、成長したこと、成果を出したことを承認する、などのスキルです。

　これらのスキルについて、評価者となる上司が、それぞれ同じレベルで身につけることが、いったいどこまでできるでしょうか。

　経験の長い上司・浅い上司、営業部の上司・管理部の上司、新卒から同じ会社でずっと勤務してきた上司、中途でスカウトされた上司、研修を何度も受けてきた上司、今年から新任の上司…、といろいろな上司がいます。

　したがって、これらのスキルが身についている、ついていないは、どうしても人によって大きく変わってしまいます。現実には、これらのスキルの違いが混在したまま、それぞれ評価を行なっているということなのです。

　いえ、もしかしたら、スキルに違いがあるというよりも、誰一人ちゃんと身についていない、ということのほうが多いかもしれません。

④客観性の限界

　このように、人事評価制度に対する不満の要素として、「上司によって評価にバラつきがある」ということがあります。そして、このバラつきがあっては公平な評価にならないので、これをなくそうと企業は取り組んでいくわけです。

　上司Aと上司Bでは、片方は厳しく、片方は甘い、ということがあっては、やはり評価制度は機能しなくなります。

　部下からの不満が増えるだけではなく、上司の側でも、部下のスキルの見極め、成長していることの承認、逆に部下がまだできていないことへの指導による課題認識、それらもすべてバラつきが出て

きてしまいます。

　本来、人事評価というシステムは、一部の有能な上司のもとでは、部下が育ち、成果を出すことができるけれど、他の上司ではそれができない、というような属人的な状態から抜け出し、会社・組織として、人を育て、成果を出せるようにしていこうというものなのです。

　そのためには、このシステムを使って、有能な上司と同じようなことを、それぞれの上司ができるようにならないと、意味がなくなってしまうのです。ところが、これができていない。

　ちゃんとできるようにしましょう、というのはもっともなのですが、このバラつきが、実際にどこまでなくせるのかということに疑問をもっています。

　私自身、企業での評価者研修では、評価がバラつかないための知識、ワークなどをたくさん実施してきています。評価者を集めて、どうしてこのような評価を部下につけたのか、などについて共有するミーティングを開き、基準をすり合わせるようなことも多くやってきました。

　しかし、どんなにやっても「バラつき」はなくならないのです。

　評価者研修とはいえ、たくさん行なう企業であっても、年に２～３回。それも毎年やっているようなところは少数派です。毎日やっていて、習熟している仕事でさえ、人によってバラつきがあるというのに、このような数回の研修やミーティングで、どこまで人によるバラつきの差をなくすことができるのでしょうか。

　評価者それぞれに、仕事だけではなく、仕事以外の生活、経験、人生があり、その人なりの価値観をつくってきています。何を大事にするか、何がそうではないのか、異なっていて当たり前です。

　仕事をしている間は同じ価値基準で、というのはそのとおりであり、理想ではありますが、仕事中と私生活とで別人間になるわけではありません。同じ人間ですから、当然に、その人なりの価値基準が反映されてしまいます。

　「人が人を評価する」ということの客観性には限界がある、ということなのです。

⑤働き方の変化（テレワーク・ＩＴ前提の働き方）

　「評価をしない評価制度」が生まれた背景の５番目は、「働き方の変化」です。これまでの人事評価制度が合わなくなってきている原因は、「世の中の変化」にもあるのです。

　以下は、テレワークに関する調査結果です。新型コロナウイルスが流行し始めた直後の2020年３月、ほぼ一斉に企業が在宅勤務を開始しました。「しました」というより、「せざるを得ない」状況でした。そのときのアンケート調査です。

＜新型コロナウイルスの流行を機に日本企業に
　　在宅勤務などのリモートワークが定着すると思うか＞

- 一部では定着すると思う…64.8%
- 定着すると思う…19.1%
- ほとんど定着しないと思う…12.7%
- 定着しないと思う…3.4%

＜今後も在宅勤務などのリモートワークをしたいと思うか＞

- 通常時も在宅勤務をしたい（する機会を増やしたい）…53.0%
- 今回のような非常時には在宅勤務をしたい…42.4%
- 今後在宅勤務をしたいとは思わない…4.6%

いずれもビッグローブ／2020年３月13日〜15日調査
n＝1,000／インターネット調査

　テレワーク、リモートワークは半ば強制的に始まりましたが、これからはある程度、働き方の一つとして定着していくと思われます。

　政府も、導入費用の補助金などを積極的に用意するなど、力を入れていくようです。ＩＴ機器などのインフラも整い、電子化も進ん

でいきます。この流れは、おそらく元に戻ることはないでしょう。

　そこで起きてくる問題が、上司による部下の評価です。

　ふだん、上司から見えないところで部下が仕事をしているわけですが、ではどうやって評価をしたらいいのでしょうか。

　実際、私の会社にもたくさんの相談がきています。

　現在、すでに人事評価制度のサポートをしているお客様、過去に人事評価制度を導入して、いまは内製化して運用しているお客様、そしてまったく新規のお客様、それぞれから「テレワークになり、部下の評価ができないのだけれど、どうしたらよいのか？」という相談が寄せられてきます。

　私も、すぐに「こうしてください」といえないのが正直なところです。これまでは、「ふだんから、部下としっかりとコミュニケーションを取りましょう」とアドバイスをすることがほとんどだったので、困ってしまうのです。

　実際、「カメラを通じて、頻度を減らさずにコミュニケーションを取りましょう」とか、「日報をつくって、やりとりしましょう」とか、ちょっと歯切れの悪いアドバイスになってしまいます。

　短期的な事情であれば、今回は想定外の事態のため、業績の問題もあるので、いったん今期の評価は中断して、まずは業績回復に努める、という判断もあり得るでしょう。

　しかし、前ページのアンケート調査にもあったように、テレワークなどの働き方は間違いなく増え、定着していきます。

　ふだんから、部下の仕事ぶりをその場で見ることができなくなってくる。そうなった際に、さて、いままでの人事評価制度は機能するのか。このまま続けていってよいのか──と誰もが考えることでしょう。そして、このことはあまりのんびりとはしていられない、いますぐ取り組まなくてはならない課題となってくるのです。

1-5 従来の制度の課題から導き出したこと

📄 5つの要因から思いついたこととは

　ここまでで、「評価をしない評価制度」が生まれた背景について5つの要因、課題をあげました。テレワークの普及など、最近の世の中の状況に応じた課題も入っていますが、実は、いずれについても、以前からずっと悩んでいたことでした。

　どんなにシンプルに人事評価制度をつくっても、評価者研修やミーティングなどを何度も行なっていても、スッキリ解消というところまではいきつかない。人が人を評価する以上、これらの課題は永遠について回る問題だ、と割り切り、できるだけやるしかない、とあきらめ半分で行なっていました。しかしあるとき、ふと思いついたのです。

　「あれっ、評価をしなければいいのでは？」

　矛盾するようですが、前項で上げた5つの課題は、「評価をする」ということについて回る問題です。評価をしなければ、これらの問題は出てきません。スッキリ解消できるのです！

　評価そのものをなくしてしまえば、部下からの不満も、上司の負担も、スキルの違いも、バラつきも、すべて解消されるか、そもそも必要がなくなります。テレワークで、ふだん見ていない部下を無理やり評価しなくてもよくなるのです。

　「いや、それはそうだけれど、評価をしないと人事評価の意味がなくなるのでは？」

　と、思われたのではないでしょうか。

　評価をしなければ、たしかに課題はなくなりますが、そもそも人事評価制度によってやりたいこと、実現したい「目的」があったは

ず。それ自体もなくなってしまうと意味がないのでは？

　ところが、実はそうでもないのです。

　もし、そもそも人事評価という手段、ツールで実現していきたい目的が、「給与等を決めるための査定」や「適性の把握」ではなく、「人材育成」「動機づけ」「ベクトル合わせ」などによるパフォーマンス向上なのであれば、評価はしなくても実現できるのです。

　どうやって？　と思われることでしょう。

　詳しくは、「評価をしない評価制度」の核となる部分なので、後の章で説明しますが、キーワードとなるものがあります。

　そのキーワードとは、「パフォーマンス・フィードバック」です。

　評価をしないかわりに、このパフォーマンス・フィードバック（P・F）という手法を使って、「人材育成」「動機づけ」「ベクトル合わせ」などによるパフォーマンス向上を実現していくことができます。

　同じ「目的」を達成するために、「評価」という手段を使わず、「パフォーマンス・フィードバック」という手段を用いるのです。

　実は、「評価をしない評価制度」を思いついた背景がもう一つあり、それがこのパフォーマンス・フィードバックを知ったことなのです。

📄 パフォーマンス・フィードバック（P・F）とは

　私は、「一般社団法人 日本ＡＢＡマネジメント協会」と「一般社団法人 行動アシストラボ」という２つの法人の代表理事を務めています。この２つは、ともに**行動科学**を研究、実践するための法人です。

　上記法人の前者が組織向け、後者が個人向けです。勉強会やセミナーなどを中心に活動しています。そして、これらの法人の活動のなかで、大学教授を招いての勉強会＆懇親会を開いたことがありました。その際に、ある教授が非常に興味深く、既成概念を大きく打ち破る話をされたのです。

「みなさん、ほめれば行動する、と思っているでしょう。実は、そんなことをしなくても、行動は増えるのです」

ちょっと前のことなので、話された言葉は正確ではありませんが、このような内容のことを言われていました。そしてその後、スライドにてその実証データを見せてくださったのですが、そこには面白いグラフが描かれていました。

子どもの勉強時間に関するグラフだったと思いますが、勉強したことをほめた場合と、ほめるなどの評価をせずに、単に何時間勉強したかという「事実」を伝えただけの場合の比較データでした。ともに勉強時間は増えた、という結果になるのですが、そこには、差がほとんどなかったのです！

私は、人事評価制度を専門にしていたので、頑張って勉強しているようだったら、すぐにほめる（評価する）ことで、さらに勉強をするようになる。そこでほめるなどの評価をしないと、動機づけにならずに勉強しなくなってしまう、と考えていて、それが当たり前だと思っていました。

それが、単に評価をせずに「事実を伝える」だけで、勉強時間が増えるとは！　そして、それはほめるなどの評価を行なったときと、結果がほとんど変わらないとは！

「このことを『パフォーマンス・フィードバック』といいます」

教授がそのように話したときに、こんな事実があるのかとショックを受けるとともに、ここに大いに可能性を感じたのです。

その後、この「パフォーマンス・フィードバック」について、その教授に聞いてみたり、自分で研究をしてきたりしました。そして、これをメインにした人事評価制度をつくれば、いまやっている制度の課題、問題の大きな部分をまとめて取り除くことができ、さらには、社員のパフォーマンスを上げていくことができる——という、新たな概念にもとづく人事評価制度の開発に着手し、この「評価をしない評価制度」に至ったわけです。

33

ちなみに、この「パフォーマンス・フィードバック」は、日本でよく人事評価の際に用いられる「フィードバック」とは少し定義が異なります。

　一般的には、評価結果を「フィードバックする」とは、そこに上司の所感などが入ったり、よいポイントや改善することなども付け加えて、本人に伝えるという意味で用いられていると思います。

　一方、「パフォーマンス・フィードバック」のフィードバックは、まさしく「**事実だけを伝える**」という意味なのです。そこに上司の所感も、よいという承認も、改善などのアドバイスも入れません。ただ単に、「事実だけを伝える」ことが、パフォーマンス・フィードバックの「フィードバック」なのです。

　つまり、「評価をしない評価制度」とは、主に「評価」に変えて「パフォーマンス・フィードバック」を使っていく人事評価制度のことなのです。ただし、そのまま置き換えるだけではなく、このフィードバック方法を活かして、より社員のパフォーマンス向上を実現し、そこから企業の成長（業績向上・理念の体現・風土の定着）につなげていこうとする制度です。

　目的は同じでも、使う手段・ツールが少し異なるというものです。

　もちろん、「評価をしない評価制度」にはメリットが多いですが、通常だったら評価することでできることが、できなくなるというデメリットもあります。

　次の２章では、このデメリットにも触れながら、実際に「評価をしない評価制度」の中身に入っていきます。

コブラ効果

「コブラ効果」という言葉をご存知でしょうか。

イギリスがインドを植民地にしていたときに起こったとされる問題です。

インドを統治していたインド総督府は、毒蛇であるコブラが多くいることが危険だということで、コブラを退治し、死骸を持ち込めば、報酬を与えるという施策を取ったそうです。

すると、最初のうちはその報酬目当てに、人々がコブラを退治し出したので、コブラの数が減ったそうです。

しかし、「コブラの死骸を持ち込めば金になる」とわかった人々は、もっとコブラがいれば…とコブラを飼育し、増やすようになったのです。増やしたコブラの死骸を持っていって報酬を稼ぐ人が増えてきたので、当然、政府はこの報酬制度を止めてしまいました。

すると、飼育して増えていたコブラが野に放たれて、施策を取る以前よりも増えてしまった――。

このように、問題を解決しようとして取り組む施策が、逆効果になるようなことを「コブラ効果」といいます。

同様のことは、フランス統治下のベトナムでも起きていて、こちらのケースはコブラではなく「ネズミ」。同様にネズミの死骸を持ってくれば報酬を与えるという施策で、かえってネズミが増えてしまったそうです。こちらは「ラット効果」と呼ばれ、「コブラ効果」と同様に使われます。

さて、この「コブラ効果」と同様のことが、人事評価制度でも起きていませんでしょうか。

社員から、自分の評価や給与がどう決められているのかわからないという不満が出てきたから、その不満をなくそうとして人事評価制度を導入する。

　しかし、人事評価制度を導入する前よりも、社員の不満は増えてしまった。制度の導入前は、あまり評価など気にしていなかった人たちから、制度の導入後は、公平に評価されていない、自分と上司の基準が違う、自己評価より低い理由が説明されない、などの不満がどんどん出てきてしまう。「評価される」という前提ができたことで、より比べる対象が増えて、それらが不満につながってしまうというのは、本当によく聞かれる話です。

　また、業績に関しても似たようなことが起こります。

　できるだけ個人に成果を出してもらいたいので、個人ごとに成果目標を立ててもらい、それを達成したら評価をする、などとしたらどうでしょう。きっと、目標に向かって頑張るだろう、という思いとは裏腹に、多くの人が、達成しやすいような低い目標を立てるようになり、結果として業績は下がってしまった…。

　まだあります。明確な賃金表をつくり、これだけ頑張ったらこれだけ給与を上げる、賞与を増やすということで、社員のモチベーションを上げようとしたら、本来は仕事自体にモチベーションを感じていた社員、そしてお客様に貢献することや自分の成長に動機づけられていた社員なども、給与や賞与の額ばかりに目がいくようになってしまう。ところが社員の期待どおりには給与が上がらないため、賃金表をつくる前よりもモチベーションは下がってしまった…。

　これらは本当に多くの企業で目にする、人事評価制度を導入したときに起きる「コブラ効果」なのです。

　そんな悪循環に陥らないようにしないといけませんね。

2章

「評価をしない評価制度」の
課題と対処法

2-1 「評価をしない評価制度」の5つの課題

📄 「評価をしない評価制度」にも課題がある

　「評価をしない評価制度」は、評価をしないがために、「評価」をするからこそできることで、できないことが出てきます。

　何事も、このやり方ですべてOK！　というわけにはいかず、こちらを立てればあちらが立たず、ということがあると思います。当然、人事評価制度においてもそれがあり、たとえば成果を重視したら人材育成が弱くなる、姿勢・態度を重視したら成果につながらない、公平性を追い求めたらハイパフォーマーが育たない、等々です。

　すべてに完璧な制度は現実的にはあり得ないので、その制度の得意とするところ、苦手なところをしっかりと理解し、そのうえで会社がめざす「目的」に最適な制度を導入していく必要があります。

　では、「評価をしない評価制度」の得意なところ、苦手なところはどんなところでしょうか。17ページで、人事評価制度が実現できる「目的」を5つほどあげました。このなかで「人材育成」「動機づけ」「ベクトル合わせ」は、「評価をしない評価制度」でも実現できる、どちらかといえば得意なところです。

　一方、それ以外の「給与・賞与等の処遇の決定」「社員のスキルや適性の把握」は、苦手なところになります。

当たり前ですが、「評価をしない評価制度」では、社員それぞれに「A評価、B評価…」や「80点、70点…」というような評価はしません。そのため、給与や賞与などの処遇を決めるにあたっての指標がないことになります。同様に、その社員の、たとえばコミュニケーション力、積極性というようなスキルや姿勢などについても、指標が出てきません。現状のその社員のスキルや適性を把握するための材料がないことになります。

これが「評価をしない評価制度」の苦手なところです。もし、これらを最重要の目的としたいのであれば、この制度は適していない手段、ツールとなります。わざわざ適していないものを使う必要はありません。それらの目的が得意な制度にするべきでしょう。

しかし、もし「人材育成」「動機づけ」「ベクトル合わせ」と、そこからもたらされる会社の成長を人事評価制度の目的とするならば、「評価をしない評価制度」の検討の余地あり、となります。

そして、もしこの制度を導入するのであれば、苦手なところをどうするのか、ということも考える必要があります。

たしかに苦手なところはありますが、しかし、決してあきらめてはいけません。「解決」まではいかなくても「解消」に近づける、もしくは「カバー」するというやり方があります。

その「解消」「カバー」する課題には、さて、どのようなものがあるでしょうか？　「評価をしない評価制度」には大きく次の5つの課題があります。

---

①給与や賞与はどのように決めればいい？
②できていないことはどうやって本人に伝える？
③成長や成果を承認しないと「動機づけ」られないのでは？
④どうやってその人の能力や適性を見極める？
⑤どうしたら昇格できるのか、それを示せないのでは？

上記の課題について、次項以降で詳しく検証していきます。

2-2 給与や賞与はどのように決めればいい？

評価をしない評価制度は給与・賞与には連動しない

やはり、一番ご質問いただくのがこれです。「評価をしない」のなら、どうやって給与や賞与の額を決めるのか、という問題です。その人の「評価」をするからこそ、次の給与改定をどうするのか、賞与額をどうするのか、を決める指標が出てくるわけです。

結論からいうと、「評価をしない評価制度」は、給与・賞与には原則として連動しません。指標が出ないので、連動できないのです。この制度の苦手なところ…というより、機能として持っていないわけです。こればかりはどうしようもないので、給与・賞与の決め方とは切り離して運用する制度となります。

「いや、それでは人事評価制度にならないよ。給与・賞与の決め方を知りたかったのに…」

はい、たしかにそれはごもっともです。この2章では、「評価をしない評価制度」が苦手とする部分の「解消」「カバー」について検証していきますので、連動をさせることはできませんが、いくつかおススメの給与・賞与の決め方を紹介していきます。

「年齢給」による決定方式

年齢により給与を決める方式で、歳をとるごとに昇給します。たとえば、20歳なら20万円、45歳なら45万円というようなものです。

その企業の事業の地域水準、業種水準、職種水準、企業規模別水準など、年齢別のモデル賃金が各種ありますので、それを参考にしながら年齢に応じて給与額を決めます。

「いまさら年齢給？」と思われるかもしれませんが、実際に中小企業の場合だと、人事評価を行なっているにもかかわらず、結果と

して調整などを行なって、年齢によるモデル賃金とそんなに違わないケースがけっこうあったりします。それならいっそのこと、年齢給を採用する、という考えもありではないでしょうか。

年齢給の例をあげると、下表のようになります。

年齢	基本給	年齢	基本給	年齢	基本給
18歳	185,000	33歳	312,500	48歳	480,000
19歳	192,500	34歳	325,000	49歳	490,000
20歳	200,000	35歳	337,500	50歳	500,000
21歳	207,500	36歳	350,000	51歳	505,000
22歳	215,000	37歳	362,500	52歳	510,000
23歳	222,500	38歳	375,000	53歳	515,000
24歳	230,000	39歳	387,500	54歳	520,000
25歳	237,500	40歳	400,000	55歳	525,000
26歳	245,000	41歳	410,000	56歳	530,000
27歳	255,000	42歳	420,000	57歳	535,000
28歳	265,000	43歳	430,000	58歳	540,000
29歳	275,000	44歳	440,000	59歳	545,000
30歳	285,000	45歳	450,000	60歳	550,000
31歳	295,000	46歳	460,000		
32歳	305,000	47歳	470,000		

（※）地域、業種、職種、企業規模などのモデル賃金を参考に、上記のような賃金表を作成する。これに役職手当や資格手当、家族手当、住宅手当のような手当を加える。

年齢給のデメリットは、企業の総人件費がどうしても右肩上がりになる傾向にあること、業績にかかわらず昇給させないといけないこと、そして何より「個」による能力差、頑張り、成果などは反映

できないことです。また、年齢給では、長く勤めている人も、中途で入ったばかりの人も年齢によって給与が決まります。この点から、長く勤務している人と入ったばかりの人で、メリット・デメリットの両方が作用することになるでしょう。

「勤続給」による決定方式

年齢給と同様に、年月の経過に応じて昇給していく方式に「勤続給」があります。

年齢ではなく勤続年数に応じて給与が決まるので、たとえば中途採用が多い中小企業では、年齢が上でも勤続年数が短い社員は、勤続年数が長い若手の社員などより給与水準が低いという、年齢給にはなかった逆転現象が起きます。

なお、勤続給は、何かしらのベースとなる基礎的な給与（年齢給、等級による基本給、一律の基本給など）に追加される形で給与が決まることが多いです。

勤続給の例をあげると、下図のようになります。

基本給（年齢別・等級別・一律など）＋

勤続年数	勤続給	勤続年数	勤続給
1年	1,000	11年	11,000
2年	2,000	12年	12,000
3年	3,000	13年	13,000
4年	4,000	14年	14,000
5年	5,000	15年	15,000
6年	6,000	16年	16,000
7年	7,000	17年	17,000
8年	8,000	18年	18,000
9年	9,000	19年	19,000
10年	10,000	20年以上	20,000

基本給部分の大きさや、年齢による差が大きいかどうかで、勤続

給の金額や勤続年数によるアップ額は変わってきます。

　勤続給は、長く勤めているという貢献度を反映させることはできますが、年齢給同様に、本人の頑張りや成果などは反映されません。したがって、年齢給などを補完する役割としての意味合いが大きいかもしれません。

📄「業績一律給」による決定方式

　これは、年齢給、勤続給とは打って変わって、本人の要素ではなく、会社の業績のみによって決める方式です。

　会社のその期の業績によって、給与にいくら配分できるかを計算し、それをもとに一律同額で、全社員が昇給するというものです。

　なかなか大胆な給与の決め方ですが、意外とこの方式を採用しているという企業の話を聞くことがあります。

　この方式なら、人件費として支出できる額が業績に合わせてある程度変動可能なので、年齢給や勤続給のように業績とは関係なく給与が上がっていくというリスクは多少なりとも軽減できます。

　一方で、年齢が上でも、勤続年数が長くても給与は変わらず、また、個人の能力や頑張りなども反映されません。個々の頑張りは、結果として全体の業績上昇につながることにより、給与にも反映されることになります。

　年齢層が近い社員構成や、やってもらっている仕事が比較的同じ場合など、この方式を採用できる企業は限定されると思いますが、チームとしてみんなで業績を上げていこう、という企業には有効に作用することもあるでしょう。

ただし、業績は毎年変わるものなので、業績がよいときに給与を一気に上げすぎると、社員全員の給与水準が高いままになり、業績悪化の場合に対応がしづらくなります。したがって、昇給する額をいくらにするかについては慎重な検討が必要になります。

　また、多少の幅をもちながら、給与を下げることも可能な制度にしておくことも必要です。この場合は、賞与にどれくらい振り分けるかも含めて考えておくようにしましょう。

　給与はあまり上げずに、賞与のみに業績を大きく反映させる、という考え方もありますが、働く社員にとっては、毎月の生活のための給与が十分にあることが基本です。年齢とともに家族構成や生活水準も変わってくるので、年齢に応じて給与額をある程度増やしていくことは、社員の定着度を考えると、やはり重要といえます。

📄 おススメは、「等級」×「業績」給

　評価とは連動しない給与の決め方をいくつか見てきましたが、実は、これがおススメという方式があります。"本命"のやり方です。

　「えっ、それなら先にそれを教えてよ」と思われるもしれませんが、基本的な方式の内容を知ったうえで、本命の方式を紹介するほうが、「評価をしない評価制度」の苦手なところを「解消」「カバー」できる特徴がわかりやすくなるので、何卒ご容赦のほどを。

　おススメの方式とは、個人の能力や成果による差を社員間である程度付けて、なおかつ給与を改定する際には、会社の業績を反映させようするもので、**「等級×業績」による給与決定方式**というものです。

　これまで見てきた方式より、少しだけ複雑になりますが、2つの要素を組み合わせる方式です。組み合わせる2つのうち、1つは「等級」による社員の基本給。そして、昇給させる際にはもう1つの要素である「業績」を使います。

　各社員にはなにかしらの等級（このつくり方は、5章の「評価を

しない評価制度」の構築手順のなかで詳しく説明します）にもとづ
く段階を設定し、その設定に応じたポイントに、業績による単価設
定を乗じて昇給額を算出するというものです。

　言葉の説明では、なかなかわかりづらいと思いますので、次の図
を見てください。

ポイント単価
業績により 300円〜 −300円
業績により 300円〜 −100円
業績により 300円〜 0円

×

等級	基本給	改定ポイント
Ｍ１	等級ごとに設定された基本給	120Ｐ
Ｍ２		100Ｐ
Ｍ３		70Ｐ
Ｌ１		50Ｐ
Ｌ２		40Ｐ
Ｌ３		30Ｐ
Ｓ１		20Ｐ
Ｓ２		15Ｐ
Ｓ３		10Ｐ

例：①業績により会社がポイント単価を決定…１Ｐ＝100円
　　②「Ｌ１」の等級のＡさん…給与改定ポイント＝50Ｐ
　　ポイント単価100円×Ａさんのポイント50Ｐ＝5,000円

　前述した「業績一律給」方式とは異なり、人による違いを「等級」
という形で反映させています。等級により、企業の業績に対する影
響力や裁量と責任は異なるので、そこを区分して反映させます。

　その意味からすると、より上の等級の人のほうが、もともとのポ
イント数が大きく、さらに業績に関してのマイナス部分もあり、大
きな幅があるようにしたほうがよいでしょう。

　年齢給や勤続給のように、業績にかかわらず昇給するわけではな
いので、企業としては業績に応じた人件費を検討し、設定できるよ

うになります。

　一方、個人による違いは、やはり「評価」をしないので指標がないため、反映できません。等級の違いによる差は反映できますが、同じ等級のなかでの「個」の違いまでは反映できないのです。

　たとえば、同じ等級のなかにいるAさん、Bさんの給与改定額は同じということになります。

　ちなみに、前ページの図のポイントを「金額」にして、業績を係数に置き換えても、同じ内容になります。次のような感じです。

等級	基本給	改定金額		業績係数
M1	等級ごとに設定された基本給	12,000	×	業績により 3.0 〜 −3.0
M2		10,000		
M3		7,000		
L1		5,000		業績により 3.0 〜 −1.0
L2		4,000		
L3		3,000		
S1		2,000		業績により 3.0 〜 0
S2		1,500		
S3		1,000		

　こちらのほうが金額が出ているのでわかりやすい、というご意見をいただくこともあるのですが、特にこだわりがないのであれば、前ページのポイント方式をオススメします。いったいなぜでしょうか。

　内容としては同じなのですが、獲得するのが「ポイント」なのか「金額」なのかの違いがあります。ポイントではなく、金額が出ていると、当然それが期待値として印象に残ります。業績が悪くなり、今回は業績係数を0.8にしたとしたら、なんとなく本来もらえる金額のはずなのに、下がってしまうのかというイメージになります。あくまでもベースは「改定金額」であり、業績によって上下するん

だ、という認識になってしまうのです。

　そうではなく、業績による単価設定がまずあることがこの方式の基本であり、その後、社員の等級によって昇給額が決まるという形を取りたいのです。

　これは、主に中小企業の人事制度に携わってきた者としての本音の話です。どんなに経営層が、業績に関する状況や実態を伝えたところで、社員としては自分の給与は普通に上がる、賞与はちゃんと出る、と思っているものです。これは立場の違い、仕事をする目的の違い、報酬かサラリーかの違いですから、その違いがある以上、よい・悪いの話ではなく、当然に違ってくるものなのです。

　しかし、特に中小企業では、毎年のように定額昇給を確保できない場合もあります。外部環境の影響により、毎年の業績が大きく変わることもあります。ライバル会社の状況、市場の急激な変化、法改正、災害、感染症などの影響で、計画どおりにいかないことが必ずあるので、それらを想定した賃金制度・給与改定システムにしておく必要があるわけです。

📄 実際にちゃんと連動できている企業はどれほどある？

　一般的な「評価をする」評価制度を導入していて、実際に評価結果にちゃんと連動させて、そのとおりに給与を決めることができている会社はどれくらいあるのでしょうか。

　一応、評価制度は実施しているけれど、最後になにやら調整をして、結局はいつも同じ程度の昇給を行なっている。たしかに、人による差はあるけれど、結果としてあまり差をつけるのはやりづらいため、同じくらいの昇給額にしている——実際に給与を改定する際には、実態としてこのようになっている企業がけっこう多いと実感しています。

　また、たしかに能力差や貢献度の差はあるけれども、差をつけるよりも、同じ額で昇給させていったほうがよいというケースも、決して少なくはありません。

それがよいか悪いかは別にして、そうしたほうが不満も出ずに組織の調和が取れているということが現実にあるのです。調和が取れている組織なのに、差をつけるようになったとたん、給与が低い社員からの不満だけではなく、給与が高くなった社員も仕事がやりづらくなり、まわりに合わせてしまうこともあったりするでしょう。

　さすがに、部長や課長、主任と一般社員の給与が同じとはいかないので、「等級」が同じものであれば、同じ給与であるという程度の差が、実はうまく機能したりします。

　業績に貢献してくれる人材、能力の高い人材については、等級を上げていくという対応を取り、しっかりと戦力となってもらうと同時に、上の等級へ昇格することによる昇給という形で報いていくわけです。

📄 「鉛筆なめなめ」による決定はダメ？

　もし、いままで人事評価制度というものがないという会社は、どのように給与を決めていたのでしょうか。評価をしていないのですから、指標になるような客観的な数字などもなく、いわゆる、社長の「鉛筆なめなめ」で、なんとなく決めていたのではないでしょうか。

　私は、個人的にはこのやり方は、とりわけ中小企業においては、決して完全ＮＧのやり方ではない、と思っています。むしろ、結果としてこのやり方のほうがうまくいっているケースを多く見てきています。

　なんだかんだいっても、社長はしっかりと社員を見ています。しかも、かなり総合的に見ています。貢献度、能力、態度など、一緒に仕事をしていくなかで、仕事ぶりや職場での振る舞いもちゃんと見てきているわけです。

　そして、この会社にとって必要な人材として、頑張ってくれている、貢献してくれている、これからもいてほしい、というような判断のもとに、給与を決めています。

また、年齢や家族構成など、その社員のステージの変化によって、そろそろ上げようかな、ということで昇給させたりします。業績ももちろん判断材料の1つですから、業績がいいとき、厳しいときには昇給額を変えます。

　オーナーである社長（ということは、「中小企業だからこそ」ということになりますが）が、真剣に考えたうえでの「鉛筆なめなめ」です。これで給与を決めることは、けっこう適切にできていることのほうが多いという印象を私はもっています。

　そんな中小企業の社長の「鉛筆なめなめ」に対し、「そのやり方では社員の不満の原因になりますよ」と絶対悪的にとらえられ、評価制度を導入したら、余計に不満が増えたというケースのなんと多いことでしょうか。

　人というのは不思議なもので、満足・不満足は絶対値で決まるのではなく、期待値との相対的な差で決まります。

　評価をするということは、評価が低い人も必ず出ます。

　昇給表などを見せられて、期待値は上がっているのに自分の評価は低かった…。そんな社員からの不満がたくさん出てくるのです。評価が適切かどうかの問題ではありません。もっというと、「適切に」低い評価であったとしても、必ず不満は出てくるのです。

　給与が上がるという約束がない、いつ社長が認めてくれるかは決まっていない、という状況のなかで、頑張ったのを認めてくれた、今回は給与が上がった、という体験をするほうが、意外と満足につながったりします。

　社長が、ちゃんと社員を見ている、という前提にはなりますが、このいままでどおりの「鉛筆なめなめ」というやり方も、「評価をしない評価制度」による給与改定方法の1つとして検討してもよいのではないでしょうか。

本人への伝え方や「動機づけ」はどうしたらいい？

📄 パフォーマンス・フィードバックによって実現する

「評価をしない評価制度」の課題について39ページで5つあげました。このうち、「①給与や賞与はどのように決めればいい？」については前項で説明したとおりです。

ここでは、「②できていないことはどうやって本人に伝える？」と「③成長や成果を承認しないと『動機づけ』られないのでは？」の2つについて一緒に説明します。

実際、「評価をして、何がまだできていなくて、何が成長の課題なのかを上司がしっかりと本人に認識してもらうために伝えることが大事なのでは？」、あるいは「評価をして、成果を出したこと、成長したことを上司がしっかりと承認して、本人の動機づけを図ることが大事なのでは？」というようなご意見をいただきます。

まったくそのとおりで、人事評価をするということは、査定をするよりもこちらのほうがより大事なことだと私も思っています。

ただし、これらのことは、「評価をしない評価制度」でも実現できます。この2つの課題は、解消できないものではなく、本人の課題認識も、動機づけも行なうことは可能であり、もっといえば、これが「評価をしない評価制度」の狙いであり、得意なことでもあるのです。

これら（課題認識、動機づけ）の目的のための手段の一つは「評価」ですが、これを別の手段である「**パフォーマンス・フィードバック**」（P・F）によっても実現することができます。ちなみに、パフォーマンス・フィードバックによって、どうやってこれらの目的を実現していくのかについては、次の3章で詳しく解説します。

同じ目的のための手段には、「評価」と「パフォーマンス・フィ

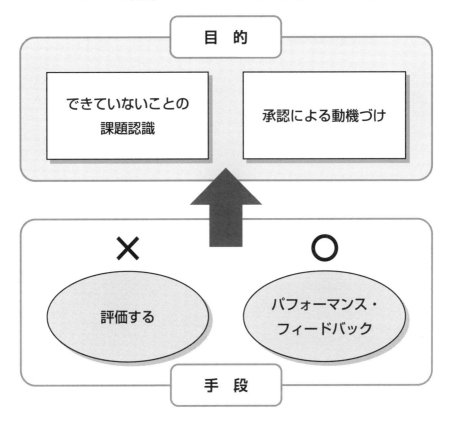

◎２つの目的の実現には２つの手段があるが…◎

目　的

できていないことの
課題認識

承認による動機づけ

×
評価する

○
パフォーマンス・
フィードバック

手　段

ードバック」があるわけですが、一般的な「評価」を手段にした場
合は、上司による評価のバラつきでの部下の不満がぬぐい切れない
うえ、上司の労力、負担などが発生するということが、どうしても
ついて回ります。

　「評価」を「パフォーマンス・フィードバック」に置き換えるこ
とによって、マイナス要素を極力なくして、目的を実現しようとい
うのが「評価をしない評価制度」のコンセプトなのです。

　前述の２つの課題に関する結論は、「課題認識」も「動機づけ」
も「評価をしない評価制度」で実現できる。いや、むしろ得意なこ
とである——ということになります。

2章
「評価をしない評価制度」の課題と対処法

2-4 どうやってその人の能力や適性を見極める？

📄 「評価をしない評価制度」で見極めることは可能

　39ページにあげた課題④についての検証です。「評価結果」という指標がないと、たしかに能力や適性などを見極めるのは難しいでしょう。「評価をしない評価制度」の課題であることは事実です。

　しかし、2－2項でも触れたように、中小企業ならではということにはなってしまいますが、ふだんから仕事ぶりをしっかり見ていれば、「鉛筆なめなめ」的なものでも見極められる、と思っています。

　また、「パフォーマンス・フィードバック」では、事実を記録していくので、評価はしないまでも、成果や行動の実態はわかるようになります。たとえば、次のようなことです。

● 1日当たり平均30件、書類を処理している
● 新規の提案を、1週間当たり10件行なっている
● 部下への教育を、1か月で合計20時間実施している

　そして、これらの「パフォーマンス」「行動」には、人による差が出てきます。処理件数が多い人・少ない人、提案数の多い・少ない、教育時間の長い・短い等々の差が出ますが、これらを指標として、能力や適性の見極めに用いることが可能です。

　しかし、気をつける点があります。書類処理件数や提案数の多い・少ない、教育時間の長い・短いなどを判断するためには、評価の要素が必要になる、ということです。

　「見極め」るわけですから、当然そうなりますが、これを重要視しすぎると、結局は「評価する」ことになり、部下の不満や上司の負担などの問題が出てしまうので、やりすぎないように留意する必要があります。

2-5 どうしたら昇格できるのか、それを示せないのでは？

📄 上の等級へ昇格するための方法が必要

どうしたら昇格できるのか、の示し方ですが、この課題はとても重要です。「評価をしない評価制度」では、基本的には個別の差をつけずに昇給していきます。賃金の決め方について2－2項で「等級×業績」で決めるという方式をおススメしましたが、この方式を採用した場合、同じ等級のなかでは同じ昇給額になるのです。

となると、自分がどの等級にいるのかが重要になり、どうしたらその等級になれるのか、という指針がないと、その会社でどうやって給与を上げていったらよいのかが、わからなくなります。

また、自分の等級がいつまでも低いままだと、給与はほとんど上がらない、10年経ってやっと数万円程度のアップ、そして上限の等級になったら、給与はもう上がらないのでは――という不安を大きくしてしまうかもしれません。

評価をしないなかで、どのように等級を上げる判断をすればいいのかわからない。これは、やはり「評価をしない評価制度」のデメリットであり、弱点の部分です。

これを完全に解消できるわけではありませんが、それでもこのデメリットをカバーする方法はいくつかあります。

📄 役職への登用も「鉛筆なめなめ」方式で？

特に人事評価制度などを導入していない会社でも、課長や部長などの役職者はいることでしょう。では、その役職はどのような基準で決められたのでしょうか。

おそらく、なんとなく、そろそろかな、という形で主任やリーダーなどにしたり、部下が何人かできたから課長にしたり…、という

2章

「評価をしない評価制度」の課題と対処法

53

「鉛筆なめなめ」方式で行なっているのではないでしょうか。

それでうまくいくこともあるかもしれませんが、給与決定の際の「鉛筆なめなめ」とは異なり、上位の役職になるまでには期間が長く、先がちょっと見えなさすぎるという点で難しさがあります。

何年経ったら上の地位にあがれるのか、いま自分の上には課長も部長もいるが、この人たちがいる限りは、自分はずっとこの地位のままなのかも…などと不安が強くなってしまうでしょう。

給与昇給の場合とは異なり、昇格の判断に「鉛筆なめなめ」方式はあまりおススメできません。

🗒 給与が等級の上限に来たら昇格させる

これは、けっこう現実的な方法です。詳しくは5章で説明しますが、社員の等級を設定する際には、給与（基本給部分）に、その等級の上限・下限を決めておきます。

そして、たとえば毎年昇給していくと、その等級内での上限に近づいていくので、上限にきたら昇格、ということにします。

上限に達したら昇格面談などしてさらに上の等級へ、もしくは、上限まで10％ぐらいまでの範囲に入ってきたら昇格試験などを実施して昇格へ——このようなやり方もできるかと思います。

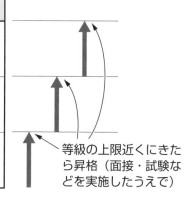

等級	基本給	
L1	上限	310,000
	下限	280,000
L2	上限	280,000
	下限	250,000
L3	上限	250,000
	下限	220,000

等級の上限近くにきたら昇格（面接・試験などを実施したうえで）

　ただし、この方法だと、年功序列や勤続年数に応じて昇格していくような実態となります。それでもうまくいけばよいのですが、本来なら、能力も高く、若く、社歴は短いけれども、上の役割がこなせる人などを抜擢したいのに、それがしづらいため、昇格のスピードが遅くなるということが起きるでしょう。

　また逆に、能力は高くないし、やってほしいこともあまりやらない、貢献度の低い社員でも、少しずつ等級が上がっていって、昇格するということも出てくるようになります。

　これでは、評価制度の目的である人材育成・業績向上には、あまりつながらないようになってしまいます。

　そこで、上記の方式ではなく、おススメしたいのは、次に説明する「チャレンジ制度」です。

📄 「チャレンジ制度」とは

　本人が、自ら上の役割や仕事に挑戦し、これによって等級が上がっていくという「チャレンジ制度」を、私はおススメしています。

　これは、現在の自身の等級から、1つ上の等級にチャレンジできる、という制度です。

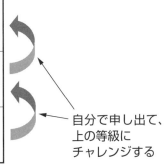

等級	基本給	
L1	上限	310,000
	下限	280,000
L2	上限	280,000
	下限	250,000
L3	上限	250,000
	下限	220,000

自分で申し出て、
上の等級に
チャレンジする

　自分に与えられている現在の仕事の役割がしっかりできているか

どうかを自分自身で振り返り、上の等級に求められる役割をやって
みたいかどうか、を自分自身で判断して、申し出ができるような制
度です。申し出は、事業年度末など時期を決めたほうがやりやすい
ですが、スピードをもって運用していくのであれば、いつでも申し
出できるという形にしてもよいでしょう。

　申し出するにあたっては、たとえば、いままでの自分自身の「パ
フォーマンス・フィードバック」（評価の代わりになるもの）につ
いて、申し出時以前１年間の状況を振り返り、それを資料としてま
とめて会社に提出し、上の等級にチャレンジする旨、伝えます。

　資料には事実のみ記載しますが、総括的な自己評価や、上司など
からのチャレンジを認めるかどうかの他者評価が、多少は入る形に
なります。会社は、事実を見たうえで、チャレンジさせるかどうか
を検討するので、ここでも「評価」の要素が出てきます。しかし、
チャレンジする側も判断する側も「事実」にもとづいて判断するの
で、かなり客観性のある「評価」にはなります。

　会社がチャレンジをOKしたら、１年もしくは半年間、上の等級
の仕事をするようになります。

📄 チャレンジ制度の運用のしかた

　上の等級で求められる役割（成果、パフォーマンス、責任、業務
など）を任せられるかどうかは会社が判断します。ここにも多少評
価は入りますが、やはり主観的なものではなく、できる限り事実に
もとづいた評価によって判断します。

　チャレンジしている際の給与をどうするかについては、次の２通
りの考え方があります。

①「チャレンジ」している段階だから、成功するまでは、以前の等
　級の給与のままでいるべき

②上の等級の仕事を実際に行なっていて、求められる役割も上のも
　のなので、上の等級の給与にするべき

　おススメは②ですが、その際、基本給を上げるのではなく、「チ

ャレンジ手当」として、従来の基本給に上乗せ支給します。

　たとえチャレンジであっても、やっている仕事、求められる成果、責任はチャレンジ前より上がっているので、同一労働・同一賃金の趣旨からも、相当の給与にすべきと思っています。

　しかし、チャレンジの段階で基本給を上げることにしておくと、仮にチャレンジが失敗に終わったときには、一度引き上げた基本給は下げづらくなりますし、下げたときには本人は「降格」したという印象をもってしまうでしょう。

　そうならないために「手当」による支給にするわけです。チャレンジするというハードルが低くなりますし、一度ダメでもまたチャレンジしてほしい——そうすることによって、人材育成や上の等級をめざすことを活性化していきたいという意図もあります。

📄 会社任命による昇格の余地も残しておく

　チャレンジ制度だけで昇格するのではなく、会社からの任命で昇格する場合もあり、というケースも残しておきましょう。

　つまり、昇格できるのは、「チャレンジ制度」もしくは「会社の任命」の2つとします。会社の任命のほうは、組織構成上の必要であったり、チャレンジしてほしいのに積極的に申し出ない人を引き上げるためであったりします。「そろそろかな」というような、多少「鉛筆なめなめ」的な決め方であっても、「チャレンジ制度」との併用であればOKではないでしょうか。

　現実には、このように会社に裁量の余地を残しておかないと、限られた人材をやりくりして事業を運営していくことが難しくなります。一方で、会社任命方式だけだと、「自分では何もできないのに、あの人は昇格した。不公平だ」というような不平不満が出やすいですが、チャレンジ制度との併用なら不平不満も少なくなるはずです。

　ただし、昇格させるメインは「チャレンジ制度」です。必要に応じて、会社が任命することもできる、という昇格制度にするとよいでしょう。

アンダーマイニング効果

　２章のなかで、給与額を決める際に「鉛筆なめなめ」方式は必ずしもＮＧではない、といいましたが、セミナーなどでこの説明をするときは「アンダーマイニング効果」の話をします。

　これは、いわゆる「デシ」の実験です。

　エドワード・デシは、1969年、当時人気のあった「ソマパズル」を使って実験をしました。

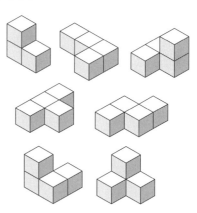

　「ソマパズル」とは、右のような７種類のブロックを組み合わせて、いろいろな形（車や動物など）をつくり上げるゲームをするパズルです。デシは、このパズルを使って、学生たちに次のような実験をしました。

　まず、学生をＡ、Ｂの２つのグループに分け、それぞれ別の部屋でパズルに取り組んでもらいます。この部屋のなかには、このパズル以外に雑誌や他のパズルなども置いてあります。

　第１セッションでは、どちらのグループも普通にパズルを解いてもらいます。

　次に第２セッションで、Ａグループには、パズルを解いたら１ドルの報酬がもらえることを提示し、実際に解けたら１ドルもらえます。Ｂグループには、何も伝えずそのままです。

　最後に第３セッションでは、元に戻し、いずれのグループにも何も伝えず、ふつうにパズルを解いてもらいました。

　すべてのセッションにおいて、パズルを２問出した後に、試験官は部屋を８分間ほど離れ、その離れている間は、何をしていてもいい、と伝えています。そして、離れている間に、自らソマパズルにどれくらい取り組むか、その従事する時間を測定したのです。

　第１セッションでは、Ａ、Ｂグループともに同じぐらいの時間、取り組んでいました。
　第２セッションでは、報酬が提示されたＡグループは取り組む時間が大幅に増えましたが、Ｂグループは条件が変わっていないので、変化なしです。
　そして、問題は元に戻した第３セッション。
　Ａグループの学生たちは、自らソマパズルに取り組む時間が最初の第１セッションのときよりも大きく減ってしまったのです。Ｂグループは、やはりそのままでした。

....

　報酬のことなど、何も伝えていなければ、本来、ＡグループはＢグループと同じになるはずです。
　ところが、わざわざ「１ドルもらえる」と提示したことで、Ａグループの学生たちを、報酬を手にする「ために」パズルに取り組む人たちにしてしまったのです。
　パズルに取り組むこと自体に面白さを感じていたり、できたことによる達成経験から、また解くという自発的行動が出ていた人たちを、報酬の「ために」取り組む人にしてしまい、その結果、報酬が提示されないと、やらない人にさせてしまったのです。

　さて、人事評価制度の話です。
　一般的に、これだけ成果を出せば、これだけ賞与が増える。これだけ評価が高かったら、これだけ給与が上がる。そのような制度にして、動機づけを図りましょう──と、いまだに多くいわれていて、

これが人事評価制度では大事なことです、とされています。私は、これを「ニンジンぶら下げ型モチベーション」といったりしています。

　本来、仕事をすること自体にモチベーションをもってもらいたいし、仕事をした結果、お客様に感謝された、自分が成長できた、というような成功体験が、また自ら仕事に取り組むという行動につながるのです。

　それが、前述のように、「これだけやったら、これだけ報酬がもらえる」としてしまうと、アンダーマイニング効果を引き起こしてしまい、ニンジンのために働く人ばかり増やしてしまう危険性があるのです。

　子育てや教育の世界では、このように何かのご褒美を提示して、何かをやらせるというのは、けっこう前からNGとされています。

　「ゲームをするためには、勉強を2時間してからね」「お小遣いをあげるから、お風呂洗いをしてね」と子どもを促したりすることは、できるだけ行ないません。本来は、勉強をすること自体、お手伝いをすること自体にモチベーションを持ってもらいたいからです。

　そのためには、ニンジンをぶら下げてやらせるのではなく、勉強を頑張ったことを認める、ほめる、お手伝いしたことで感謝される、ありがとうと言われる。行動した後のまわりからのフィードバックが、成功体験につながり、また勉強しよう、またお手伝いしよう、というモチベーションになっていくのです。

　しかし、人事評価制度の世界では、いまだに「ニンジンぶら下げ型モチベーション」が当たり前のように提案されています。

　「アンダーマイニング効果」で、デシの実験のAグループのような社員ばかりつくってしまわないように気をつけましょう。

3章

「パフォーマンス・フィードバック」
とは

3-1 パフォーマンス・フィードバック（P・F）とは何か

📑 「行動事実の振り返り」のことをいう

　さぁ、この3章が「評価をしない評価制度」の一番のポイントとなる章です。「評価をしない評価制度」では、「評価」をしない代わりに、「**パフォーマンス・フィードバック**」（P・F）を行ないます。

　この言葉、あまり聞いたことはないと思われますが、「パフォーマンス」「フィードバック」は、けっこう職場でも使われる言葉ではないでしょうか。なんとなく、そこからイメージが湧いてくるのではと思います。

　また、この言葉は、よくあるカタカナによる日本の造語ではなく、もちろん私が勝手につくったものでもありません。心理学の一つである、人や動物の行動を専門とする学問「**応用行動分析学**」で用いられる、確立した専門用語なのです。

　そのため、ふだん使うような感じでとらえる「パフォーマンス」や「フィードバック」とは意味が少し異なる部分もあります。そこで、ここでしっかりと定義しておきたいと思います。

　結論からいうと、「パフォーマンス・フィードバック」とは「**行動事実の振り返り**」のことです。

パフォーマンス・フィードバック
‖
行動事実の振り返り

◎パフォーマンス・フィードバックとは◎

評価を入れずに、事実だけを伝えるフィードバックのこと

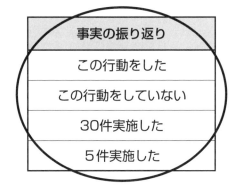

従来の評価	事実の振り返り
能力あるね。80点	この行動をした
この能力が不足。40点	この行動をしていない
多くやって素晴らしい！	30件実施した
少なくて物足りない	5件実施した

　1年あるいは半年などに1回の「評価」をしない代わりに、この「パフォーマンス・フィードバック」＝「行動事実の振り返り」をこまめに行なうのが、「評価をしない評価制度」の運用のしかたです。

　パフォーマンス・フィードバックに日本語をあてはめると、「フィードバック」は「振り返り」ですが、1章でも少し触れたように、一般的に使われる「フィードバック」とは少し定義が異なり、他者の評価やアドバイスなどは入っていません。単純に、事実だけを「振り返る」フィードバックなのです。

　「よい」とか「悪い」とか「こうしたらいい」という意味も含まれないので、ここが一般的な人事評価で使われる「フィードバック」とは違っているので気をつけましょう。

📄「パフォーマンス」とは何か

　次に、「パフォーマンス」とは何かについて考えてみましょう。

　まず、「パフォーマンス」という言葉を聞いて、どのような印象をもち、意味があると考えるでしょうか。これはけっこう、解釈が異なる言葉ではないでしょうか。

　前述の「パフォーマンス・フィードバック」＝「行動事実の振り返り」で考えると、パフォーマンスは「行動事実」にあてはまりま

す。

　ただし、パフォーマンスはもう少し要素が入る言葉なので、ここでしっかりと定義しておきましょう。ちなみに、「パフォーマンス」を辞書で調べてみると、次のような意味でした（「Wiktionary日本語版」より）。

①芸を見せること
②劇を演じること
③売名行為
④性能、効率
⑤スポーツ選手などが見せる技量、腕前

　組織における「パフォーマンス」で考えると、①や②ではなさそうです。③ももちろん違いますね。④は人間に対してではないですが、なんとなく意味は近いでしょうか。⑤は、スポーツ選手を社員に置き換えると、かなり近い意味になりそうです。

　辞書にはぴったりの表現はありませんでしたが、④と⑤に近い意味で定義できそうです。

　この本、そして「評価をしない評価制度」では、少しわかりやすくするため、次のように定義します。

「パフォーマンス」＝「成果と行動の中間にあるもの」

　成果だけでもなく、行動だけでもない。パフォーマンスは、その中間に位置するもの。つまり、成果といえる場合もあるし、行動といえる場合もある…。

　と説明されても、あまりピンとこないかもしれないので、次項でもう少し「パフォーマンス」の解説を続けさせていただきます。

3-2 「成果」「行動」と 「パフォーマンス」の違いは？

📄 ワークしながら考えてみよう

　わかっているようで、実はけっこう人によってとらえ方が違うのが「パフォーマンス」という言葉です。

　パフォーマンスは、「行動」と何が違うのか。「成果」とは何が異なるのか。少しワークをしながら、その違いについて考えてみたいと思います。

　Q　次に掲げるものは「成果」でしょうか。「行動」でしょうか。「パフォーマンス」でしょうか。○をつけてみましょう。

	成果	行動	パフォーマンス
マラソンで優勝する			
シュート練習をする			
ホームランを打つ			
毎日トイレを磨く			
1時間に30件の書類処理をする			
提案が採用される			
100mを12秒で走る			
自転車に乗る			

　あまり悩まずに、直感でかまいませんので、パパっとつけてみてください。次ページに解答があります。

	成果	行動	パフォーマンス
マラソンで優勝する	○		
シュート練習をする		○	
ホームランを打つ	○		
毎日トイレを磨く		○	
1時間に30件の書類処理をする			○
提案が採用される	○		
100mを12秒で走る			○
自転車に乗る		○	

　いかがだったでしょうか。正解しているところもあれば、違っているけど、いまひとつ納得できない…というところもあるかもしれません。この解答は、次のような定義づけから導いています。

　「**成果**」は、相手や運や環境などのように、自分自身だけではどうしようもない要素によって変わるもの。「行動」や「パフォーマンス」後の結果でもあります。

　「**行動**」は、自分自身でできることですが、その質や量は問われず、ただ行なっているだけのもの。

　「**パフォーマンス**」は、ただやるだけの行動ではなく、質や量が加わり、人により差が出てくるもの。また、相手や運や環境などの要素はなく、個で出せる成果でもあります。

　一般的な使い方とは少し異なるところもあるかと思いますが、その点はご容赦ください。

　この「成果」と「行動」と「パフォーマンス」を明確に区分することで、私たちは何を追いかければよいかの判断ができるようになります。先ほどの定義を表にまとめると次のようになります。

成果	相手や運、環境などの要素があり、結果が左右されるもの。行動やパフォーマンスの後の結果でもある。
行動	自分自身でできること。しかし、その質や量は問われず、ただ行なっているだけのもの。
パフォーマンス	ただやるだけの行動ではなく、質や量が加わり、人により差が出てくるもの。また、外部要素なしで、自分で出せる結果のこと。

前述の質問について、この定義にもとづいて見ていきましょう。

● 「マラソンで優勝する」は、どんなに自分が頑張っても、自己ベストを出しても、相手が上回ってしまったら優勝できませんね。外部要因が加わる結果なので、これは「成果」となります。

● 「シュート練習をする」は、自分自身でできること。そして、ここに質とか量は入っていません。ただやるだけ、のものなので、これは「行動」になります。

● 「ホームランを打つ」は、どんなに優れたバッターでも、相手ピッチャーによっては、必ず打てるものではありません。外部要因が加わる結果なので、「成果」になります。

● 「毎日トイレを磨く」は、たしかに毎日やるのは大変ですが、やろうと思えばやれることです。そこに質や量は入ってきません。人による差は出ないので、「行動」となります。

● 「1時間に30件の書類処理をする」は一見、行動のように見えますが、時間制限があるなかでの量という要素が入っています。人によっては、たとえばAさんは1時間で30件できるけれど、まだまだ習熟していないBさんは5件しかできないということも出てきます。したがって、これは「パフォーマンス」です。人による差があり、なおかつ外部要因にはあまり左右されない結果です。Aさんのパフォーマンスが高いわけです。

● 「提案が採用される」は、「成果」ですね。どんなによい提案が

できたとしても、相手が受け入れるかどうかはわからないし、それは自分ではどうしようもない要素です。では、この「よい提案ができる」は何にあたるかというと、「パフォーマンス」です。ただの提案ではなく、よい提案ですから、自分自身で出せる範囲の成果です。

● 「100mを12秒で走る」は、「パフォーマンス」です。自分自身で能力を高めて出せるわけですから、質の要素が加わっています。

● 最後の「自転車に乗る」は、問題ないですね。これは「行動」です。

なんとなく、つかめてきたでしょうか。ここは大事なところなので、わかりやすく表にまとめてみましょう。

マラソンで優勝する	成果	相手によって変わる。外部要因あり。行動の結果。
シュート練習をする	行動	自分自身でできる。質や量の要素はない。
ホームランを打つ	成果	相手によって変わる。外部要因あり。行動の結果。
毎日トイレを磨く	行動	自分自身でできる。質や量の要素はない。
1時間に30件の書類処理をする	パフォーマンス	質・量の要素がある。人によって差のある行動。
提案が採用される	成果	相手によって変わる。外部要因あり。行動の結果。
100mを12秒で走る	パフォーマンス	質・量の要素がある。人によって差のある行動。
自転車に乗る	行動	自分自身でできる。質や量の要素はない。

「自転車に乗る」は本当に「行動」か

さて、質問の最後にあった「自転車に乗る」ですが、これは本当に「行動」でしょうか。

「何を言っている。先ほど、質とか量とかの要素がないものは行動だといったではないか」と、お叱りを受けるかもしれません。

では、もし、小学校1年生の自転車教室の場で、ほとんどの子どもがまだ自転車に乗れない状態だったとします。この場において「自転車に乗る」は行動でしょうか。

実はこの場合、「自転車に乗る」は「成果」となり得るのです。

ハンドルをつかむ、サドルに座る、ペダルに足を乗せる、両足を地面から離す、などの「行動」がちゃんとできるようになって、やっとたどり着く「成果」なのです。

自転車に乗るのが行動だ、といえるようになるためには、そこにいる人たちが一通りの順番の行動を身につけていて、誰でも自転車に簡単に乗れる集団になっている必要があるのです。

ビジネスの場で、上司が陥りがちな間違いがここにあります。自分には身についている行動により簡単にできる「成果」だからといって、そのまま部下に「行動」として指示、指導をしてしまうのです。

「営業してこい」といっても、部下はできない。「この書類をまとめておいて」といっても、同様にできない。

いままで、経験と実践を積んできた上司にとっては、「やれ」という行動レベルの指示であっても、まだまだ習熟していない部下にとっては、行動になっていないのです。

お客様のところに営業にいくことや、書類をまとめるということが、たくさんの適切な行動を積み重ねてたどり着く「成果」に近いものになっているのです。

そして、部下がうまくできない、なかなか進まないということに対して、成果ではなく行動と思い込んでいる上司は、やる気がない、

本気ではない、などといって思考停止に陥っているかもしれません。

　小学1年生の自転車教室なのに、「早く自転車に乗って」といっているようなものなのです。

　アポイントを取る、お客様の情報を得る、提案書をつくる、手順どおりに説明する——これらの行動が習熟して一通りできるようになって、「営業に行く」がやっと「行動」レベルになってくるのです。

📄「パフォーマンス」の位置は？

　再度、「成果」「行動」「パフォーマンス」に関する問題にチャレンジしてみましょう。

> **Q** 次に掲げるものは「成果」でしょうか。「行動」でしょうか。「パフォーマンス」でしょうか。○をつけてみましょう。

	成果	パフォーマンス	行動
マラソンで優勝する			
42kmを2時間30分で走る			
ランニングする			
提案が採用される			
レベルの高い提案書をつくる			
提案書をつくる			

　いかがでしょうか。これは右ページに解答がありますが、パッと見ていただいても問題ありません。

　大事なのは、「パフォーマンス」の位置です。先ほどの質問とは異なり、真ん中に「パフォーマンス」がきています。そう、「パフォーマンス」は、成果と行動の間にあるものなのです。

A 解 答

	成果	パフォーマンス	行動
マラソンで優勝する	○		
42kmを2時間30分で走る		○	
ランニングする			○
提案が採用される	○		
レベルの高い提案書をつくる		○	
提案書をつくる			○

「マラソンで優勝する」は、相手があることなので「成果」ですね。
「ランニングする」は、質や量は入っていないので「行動」。そして
この行動に、人による差が出て、質・量のような要素が加わった
「42kmを2時間30分で走る」は「パフォーマンス」です。

成果は、たしかに相手や運などの外部要因にも影響を受けます。
しかし、より「パフォーマンス」を高く発揮できる人が、より「優
勝」の確率が高まっていくのです。

「提案」に関しても同様で、採用されるかどうかは相手次第なので、
「提案書をつくる」は「行動」ですが、「レベルの高い提案書をつく
る」という「パフォーマンス」が高くなれば、より採用される確率
は高まります。「レベルの高い」とは、たとえば、提案書に必要な
チェックリスト（競合情報が入っている、日程が入っている、代替
案がある、誤字脱字がない、相手のニーズが入っている、こちらの
強みが入っている等々）をクリアできることなどをいいます。

そのほか、成果、行動、パフォーマンスには次のような例があり
ます。

- 「ホームランを打つ」は成果、
- 「バットをスイングする」は行動、
- 「速くて正確なスイングができる」がパフォーマンス。

- 「自転車レースで優勝」は成果、
- 「自転車をこぐ」は行動、
- 「持続して時速40kmでこげる」がパフォーマンス。

- 「受注10件」は成果、
- 「訪問をする」は行動、
- 「上手な提案とクロージングができる」がパフォーマンス。

　このような位置関係が、「成果」と「行動」と「パフォーマンス」にはあります。

　繰り返しになりますが、「成果」は、運や外部要因、相手次第などの要素が大きく関わってきます。その人だけの力で、必ず結果が出せるわけではないものです。だから、この「成果」自体を指示したり、指導したりしてもうまくいきません。ホームランを打て、レースで優勝しろ、と命令しているようなものです。

　では、「行動」に関して指示していけばよいのでしょうか。ところが、これはこれで、また別の問題がついて回ります。

　「行動」は、たしかに指示すればやってもらうことはできますが、そこには「ただやっているだけ」という問題がついてきます。バットをスイングする、自転車をこぐ、は自分でできることで外部要因はほとんど影響ありません。しかし、ただやっているだけでは、いつまでも成果にはつながりません。

　行動だけ指導、教育しても結果はついてこないのです。そこで、成果と行動の間を重要視していくのです。

　それが、「パフォーマンス」です。

　同じ行動であっても、そこには質や量などのレベルの違いがあり

ます。知識や練習、習熟により引き上げていくことができるもの、人によって発揮の違いが出てくるものが「パフォーマンス」です。

そして、その「パフォーマンス」こそが、評価すべきことであり、育成で重要視するポイントなのです。

「パフォーマンス・フィードバック」による「事実の振り返り」は、「成果」でも「行動」でもなく、できるだけ「パフォーマンス」の事実を振り返っていくというわけです。

【おまけのワーク】

Q 次に掲げるものは「成果」でしょうか。「行動」でしょうか。「パフォーマンス」でしょうか。○をつけてみましょう。

	成果	パフォーマンス	行動
チームの残業時間を削減する			
年間予算を達成する			
本を読む			
資格試験に合格する			
会議で発言をする			
始末書を書く			
機械操作をミスなくできる			
仕様書どおりの設計ができる			
満足度調査で80%以上にする			
研修資料をまとめる			
経営理念を見ずに唱和する			
契約を10件受注する			

答えは217ページにあります！

3-3 「パフォーマンス・フィードバック」の効果

人材育成や業績向上の目的達成に使えるのか

　「パフォーマンス・フィードバック」をすることで、本当に効果があるのかどうか。「評価をしない評価制度」を行なうにあたっては、これが一番大事なところです。

　「評価をしない」ということで、一般的な人事評価についてまわる問題点が解消できるのはわかったけれど、大事なのは効果があるかどうか、ということです。

　ちゃんと人材育成が実現できるのか、本当に業績向上につながるのか、それらの目的に対して、この「パフォーマンス・フィードバック」という手段が本当に使えるものなのか、ということが重要なわけです。

　そこで、いくつか実際の実験データで、この効果を示しているものがありますので、それについて解説しながら紹介していくこととします。

ケース１：看板を掲げただけでスピード違反が減る？

　まず紹介するのは、1980年代の論文で発表された、アメリカでの古い実験です。とてもわかりやすく、「パフォーマンス・フィードバック」で改善が図れた事例なので、参考になると思います。

　都市部の道路上のスピード違反を少なくする取り組みで、昨日のスピード違反者はどれくらいの割合だったという「事実」のみを看板にして提示するだけで、これを見た車のスピードが下がっているという実証データです。

　具体的には、もともとある「制限速度50km」と出ている標識の横に、「スピード違反のドライバー　昨日は94％」という、事実だ

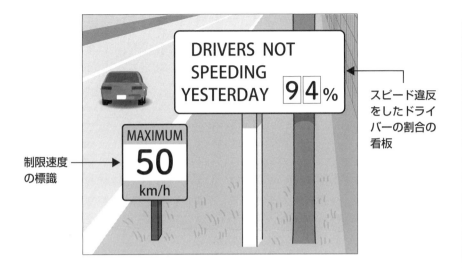

制限速度
の標識

スピード違反
をしたドライ
バーの割合の
看板

けが書かれている看板を設置したのです。すると、全体の車の平均
速度が下がっていったのです。

　たとえば、時速74km以上出していたドライバーは全体の7.5％い
たのが、看板設置後は、1.5％まで減少しました。時速66km以上だ
ったドライバーも23.7％→11.5％に、時速58km以上は64.7％→44.8
％、時速51km以上は92.8％→84％とそれぞれ減ったのです。

【スピード違反のドライバーの実験】

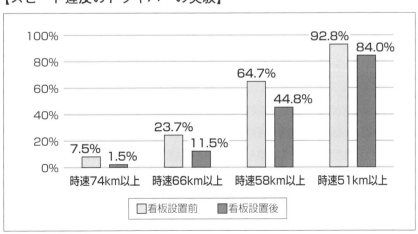

（研究概要、データなどは下記より引用）
JOURNAL OF APPLIED BEHAVIOR ANALYSIS 1980, 13, 383-395
NUMBER 3 (FALL1980) AN ANALYSIS OF PUBLIC POSTING IN
REDUCING SPEEDING BEHAVIOR
ON AN URBAN HIGHWAY RON VAN HOUTEN, PAUL NAU, AND
ZOPITO MARINI MOUNT
SAINT VINCENT UNIVERSITY

　古い時代の実験ではありますが、いま現在、行なわれている各種のパフォーマンス・フィードバックの実験も、ほとんどが同じような傾向が出ます。

　スピード違反をなくすためには、「安全へ　注意十分　スピード八分」（一般財団法人全日本交通安全協会／毎日新聞社主催　「交通安全年間スローガン」より）というような標語や、危険を示すイラストを掲示したりするなどの工夫をして、スピードを出し過ぎないように取り組むのが一般的です。また、警察がいわゆる「ネズミ捕り」などで取り締まりを行なったりもします。

　もちろん、それらも効果はあるのでしょうが、この看板の実験のように「事実の提示」だけであっても、行動は変わってくるのです。この方法のメリットは、なんといっても低コストであること。そして、すぐにできることです。

　これとまったく同じ考えを取り入れるのが、「評価をしない評価制度」です。非常に節約的で、そしていまからでもすぐできる、という点に大きなメリットがあるのです。

ケース２：配達ドライバーの出発時間を早めた実験

　次に紹介するのは、2001年に発表されたアメリカでの配達ドライバーに関する実験です。パフォーマンス・フィードバックにより、各ドライバーの出発時間が早くなるという結果が出ています。

　ドライバーの出発時間は、仕事においてはかなり重要で、これを早くすることには非常に意義がある取り組みでした。

【出発時間の貼り出しによりドライバーの出発時間が早まる】

　２つの配送グループで実験を行なっています。出発時間の測定は、ドライバーの持つ「サインアウトシート」という自分で記録するシートの出発時間を拾っていきます。その後、管理者から、その出発時間をランチルームに貼り出すという「パフォーマンス・フィードバック」＝「事実の振り返り」を行ないました。すると、２つのグループともに、実際の出発時間が早まるという結果に至りました。

　この実験のポイントは、貼り出した数字は、個人の数字ではなく「グループ全体」の数字であるということ。そして「評価はしない」ということです。

　個人の成績を貼り出すということは、営業系の業務を行なっている組織ではけっこう行なわれていると思います。しかし、その貼り出すことの目的は、どちらかというと、危機感をあおる、競争心を高めるというようなもので、プレッシャーを与えて動かそう、という狙いによるものが多いのではないでしょうか。これだと、いろいろと弊害が出てきます。仕事自体が嫌になる、上の成績の人は調和のために逆にセーブするようになってしまう…。「事実の振り返り」のみなら、そのような副作用が出ることは少ないのです。

　この実験では、１か月間は何もせずに出発時間を測定。その後、グループの出発時間を食堂に掲示するという「パフォーマンス・フィードバック」を実施し、Ａグループで平均17分、Ｂグループで平均11分ほど出発時間が早まりました。さらにその後、いったん掲示を止めています。すると少し元に戻ってしまいます。

　再度、同じように掲示したらまた時間が早まり、Ａグループは掲示をやめていたときより14分、最初からは21分早くなり、Ｂグループでもそれぞれ10分、22分ほど早くなりました。その後、また掲示をやめても維持されていき、Ａグループでさらに６分ほど早くなり、最初から27分も早く、グループＢでも５分早まり、最初からはこちらも17分早まったのです。このように掲示したり、なくしたりすることで、実験期間中の他の外部要因ではなく、「出発時間を貼り出す」

ことが効果を発揮しているということがわかります。

【配達ドライバーの出発時間】

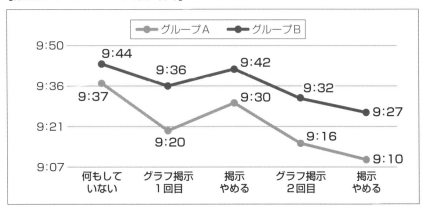

（研究概要、データなどは下記より引用）

Natalie Nicol & Donald A. Hantula (2002) Decreasing Delivery Drivers'Departure Times, Journal of Organizational Behavior Management,21：4, 105-116, DOI：10.1300/J075v21n04_07

📄 ケース３：利用者のデータ収集量を増やした実験

　３つめは、2016年にやはりアメリカで行なわれた実験です。医療介護の事業に従事するスタッフが、利用者の家を回って必要な情報（データカード）を収集するというパフォーマンスを引き上げる実験で、実際に１週間単位でいくつ収集しているかの数を測定し、その数字をグラフにして、本人にフィードバックしてみたところ、実験した３つのグループすべてで、収集してくる数が増加しています。

【データ取得数のフィードバックによる取得数の増加】

　３つのグループの測定期間はバラバラですが、最初にまずどれくらいスタッフが回ってデータを収集するかを測定しています。これが右の表の「ＢＬ（BaseLine）」の部分です。その後、パフォーマ

ンス・フィードバックを実施します。「ＧＦ」というところがそれで、グラフによるフィードバックをしています（Graphic Feedback）。その結果、３つのグループでデータ収集数が増加しました。この実験のポイントは、その後に行なっている「ＧＦ＆ＧＳ」です。「ＧＳ」とは「Goal Setting」のことで、目標値をつくったのです。

月に１回、15分ほどのミーティングを管理者がスタッフと行ない、それまでの収集結果をグラフによる提示で本人にフィードバック。その後、次の期間の目標数値を設定するということを行なっています。すると、３つのグループともに収集数がかなり増加するという結果が出ています。

この毎月のミーティングは、15分という時間からもわかるように、いわゆる「がっつり」と行なうものではありません。前月の数字はこうだった、という「事実の振り返り」と、そこから来月の予定をみながら、少し引き上げる目標を設定するだけのミーティングです。

また、この施設は以前から、手順を変えてみるなど、いろいろと収集数を上げる取り組みをしていたそうです。しかし、数値は上昇せず成功していなかった。それがこの「パフォーマンス・フィードバック」（Graphic・Feedback & Goal・Setting）を行なったことで、大きな成果につながったのです。

	ＢＬ	ＧＦ	ＧＦ＆ＧＳ	Follow-up
グループ１	42.7	48.0	80.0	76.0
グループ２	26.0	59.0	85.0	82.0
グループ３	28.0	62.0	84.0	85.0

（研究概要、データなどは下記より引用）
Pamela J. Gil & Stacy L. Carter (2016) Graphic Feedback, Performance Feedback, and Goal Setting　Increased Staff Compliance With a Data Collection Task at a Large Residential Facility, Journal of Organizational Behavior Management, 36：1, 56-70, DOI：10.1080/01608061.2016.1152207

📄 ケース４：接客業のパフォーマンス・フィードバック

　最後に紹介するのは、アメリカではなく日本の事例です。実際に弊社で2020年にアミューズメント企業で行なったコンサルティングの内容をお伝えしましょう。

　弊社のコンサルタントである八重樫さんが、現状分析から介入し、管理職へのアドバイスなどを実施して、パフォーマンスを引き上げた事例です。八重樫さんは、ＯＢＭ（組織行動マネジメント）のコンサルティングを実際に実践できる、日本では本当に数少ない（唯一の？）コンサルタントです。

　実際に、この企業（Ｋ社とします）のある店舗（Ｏ店とします）での、組織の課題は次のようなものでした。

- ●マナーや接客が物足りない
- ●主任たちがスタッフを指導しない
- ●あまり見ていないので、問題や相談も出てこない

　けっこう、多く聞かれそうな悩みですね。まず取り組んだのは、これらの解消、改善につながるための「**ターゲット行動**」の設定です。「**問題の具体的な行動化**」に取り組みます。成果も風土も、すべて人の行動の集積です。いかに成果につながるためのターゲットとなる行動を設定し、その行動を皆が自主的にできるようになるか、というアプローチによるコンサルティングです。

　この「ターゲット行動」の設定は、まずこの企業には「接客マニュアル」というものがあり、これを活かそうということになりました。弊社の研修を受講した店長たちが、これを「行動リスト化」に進化させ、具体的な行動のチェックリストが出来上がりました。

　一定時間、接客中に主任がスタッフを観察しながらチェックを行ない、同じ項目ができていなく３日連続チェックがついた場合、もしくは１回で15項目中５個以上にチェックがついた場合は、その対

象者に面談を実施します。しかし、この面談は「主任まかせ」の面談です。注意する人もいれば、評価をしている人、雑談で終わっている人もいることが想定されます。一つはこの面談数を記録します。

　もう一つは、主任たちが部下をしっかり見る、というのも課題だったので、しっかりと観察しているかどうかを「観察率」として測定していきました。先ほどのスタッフの接客項目をチェックしているかどうか（接客点検の実施）を測定していきました。

【測定対象の項目】
①接客チェックにて同項目３日連続もしくは15項目中５個以上にチェックがついた人の数（主任まかせの面談実施）
②主任がスタッフをどれだけ見ていたかの観察率

まず、「ＢＬ（BaseLine）」として５月〜８月の測定データです。

月	①チェックがついて面談したスタッフ数	②主任のスタッフの観察実施率
5月	15	79.5%
6月	17	92.8%
7月	9	82.7%
8月	8	80.6%

　この数字を引き上げるために、それぞれ「パフォーマンス・フィードバック」という「介入」を実施しました。

【介入：パフォーマンス・フィードバックの実施】
①即時フィードバック。毎日、チェック結果を退社前に見るようにする。スタッフは見たらチェック！
②面談でのグラフィック・フィードバック実施。主任まかせの面談ではなく、面談フォーマットによるチェック結果グラフのフィードバックを実施

81

その結果、面談実施（チェックがついた人）の10月の数字は、**わずか1名に減少、主任の観察実施率も96.5%に引き上がりました！**

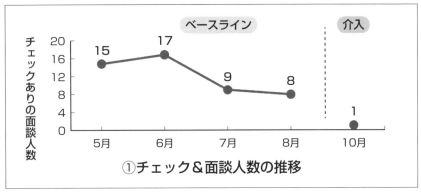

①チェック＆面談人数の推移

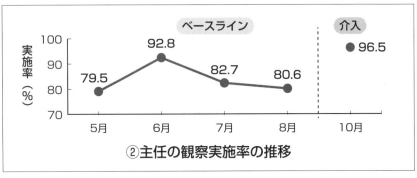

②主任の観察実施率の推移

　何も工夫のない自分なりの面談ではダメだったものが、事実の振り返りを毎日実施、そしてフォーマットに則った「フィードバック面談」により大幅に向上しました。惜しむらくは、研究ではなくコンサル業務であったため、非常によくなった段階で測定しなくなり、10月の結果だけになっている点でしょうか。

　ただしその後、皆が楽しみながら自主的に続けている、との連絡を企業様からいただいています。店舗のなかで、新たに別のターゲット行動を決めて、店舗の事務所に行動のグラフを貼り、行動改善の取り組みを続けているとのことです。

　私たちとしては、一番嬉しいお客様からの便りになりました。

3-4 パフォーマンス・フィードバックの記録方法

　いくつかの事例を見てきましたが、「事実の振り返り」だけで本当にこれだけ上がるのか、と思われた方もいらっしゃると思います。

　しかし、実際に自身の行動やパフォーマンスの振り返りを、しっかりと行なっている組織はどれだけあるのでしょうか。案外、やりっ放しにしたり、させている組織が多いのではないでしょうか。それを見直すだけでも、大きく変わってくるかもしれません。逆に、ふだんの振り返りはほとんどしないで、半年や1年に1回、評価する時期にだけ、成果はどうだった、スキルがどうだった、など主観の入る振り返りのフィードバックだけをしてもダメなのです。

　さて、ここでは、パフォーマンスの記録の取り方について説明します。他者による記録、自身で行なう自己記録などの方法があります。

📄「他者記録」による方法

　先ほどの事例にあった、自動車の速度みたいなものは、自身での記録ではなく、他者が記録し、それを本人たちにフィードバックしています（看板の設置）。このように、まわりが見ていて、それを記録していくものを「**他者記録**」といいます。そのままですね。

　たとえば、飲食業や小売業の従業員の「笑顔で接客する」ことを引き上げたいとします。その場合は、上司である立場の他者が、従業員の「笑顔でお客様に自ら声掛け」がどれくらいできているかを記録していくわけです。しかし、実際にこれをカウントして記録していくのは、かなり大変なことです。そのため、実際には、先ほどの弊社の事例にあったように、上司がチェックリストなどを使って部下ができているかどうかを観察します。いずれにしても、かなりの時間的コストと労力を使いますね。

	メリット	デメリット
他者記録	●実行性が高い ●信頼性が高い	●観察できる機会が少ない ●記録者の負担が大きい
自己記録	●記録できる機会が多い ●負担が少ない	●実行性にばらつきが出る ●信頼性が低い

　しかし、他者記録だからこそのメリットもあります。本人まかせでは、忘れていた、やらなかった、などが起こることや、本人の「自分なり」の要素が出やすいですが、他者記録ならこれらを排除することができるのです。外から見ると「笑顔」ではないな、と思うレベルの接客でも、本人は「自分なりにできた」など、正しくないものが、できている、という認識になってしまう場合があります。より客観性、信頼性が高いのが「他者記録」です。

「自己記録」による方法

　一方、「自己記録」はその名のとおり、自分自身で記録を取る方法です。「笑顔でお客様に自ら声掛け」を、今日の10時〜10時30分に何回できたか、などを記録します。

　自己記録の場合は、自分で確認できる機会がずっとあるわけですから、どれくらいの頻度のパフォーマンスなのかにもよりますが、1日の数などを記録することもできます。また、他者ではなかなか観察が難しい行動でもカウントできるようになります。「業務効率化の提案に取り組んでいる時間」「未経験の業務にチャレンジした回数」「書類の処理を5分でできた回数」「スケジュールどおりに仕事ができたかどうかの割合」なども、記録することができます。記録できる機会、種類が大きく増えるので、これは大きなメリットです。

　しかし、他者記録とは違い、どうしても「主観」が入ってきてしまうのが、デメリットになるでしょう。

　もっというと、**「虚偽の記録」つまり「うそ」をつくこともできる**ようになってしまいます。この信頼性の問題が、自己記録にはどうしてもついて回るわけです。

3-5 「行動の所産」とは

📄 行動が起きた痕跡や証拠などを探していく

　他者記録にもメリットはありますが、あまりにも記録者の負荷が大きすぎます。「評価をしない評価制度」では、上司の負担をできる限りなくしていく、ということをコンセプトにしているので、「毎日30分、部下全員のパフォーマンスの記録をしてください」などと要求するようでは本末転倒です（実際のコンサルティングの現場では、コンサルタントがこのような要求をすることもあります）。

　したがって、どうしても自己記録を多くしていく必要があります。しかし、自己記録には信頼性が低いというデメリットがあるし、どうしたらよいのか…。これらの課題を解消できるのが「**行動の所産**」（Products of Behavior）です。

　「行動の所産」とは、その行動が生起したことを示す、何かしらの痕跡や成果物、証拠や根拠のこと。直接、その人を見ていなくても、「この行動をしたら、これが残っているよね」というようなもののことをいいます。前項の事例でいうと、次のようなことです。

「配達に出発する」	→	「出発時間の記録」
「データ収集をする」	→	「データ収集数」

　そのほか、次のようなことも「行動の所産」です。

「文章を書く」	→	「書かれた書類」
「ネットサーフィンする」	→	「ネット接続の時間」
「メールを送る」	→	「送信したメール」
「デスクの整理」	→	「整理されたデスク」

「ウォーキングする」 → 「歩数計の記録」 など

　企業の組織においては、家庭や学校とは異なり、対象になる人をずっと観察することは、現実的には難しいです。そのため、上記のように、後からでもその行動をしていたかどうかの記録ができる「行動の所産」を設定していくことが現実的といえます。

　「行動の所産」であれば、その記録は他者でも自己でもできる場合が多くなります。したがって、内容によって、これは上司や会社で記録していく、と設定したり、こちらは自分自身で記録してもらう、と設定することも可能になります。

　最近では、パソコンに代表されるような電子機器を業務で使うことが増えており、またスマートフォンやウェアラブルなどの端末機器の普及により、さまざまな記録を簡単に取ることができます。

　以前は観察していないとわからないような行動、パフォーマンスが自動で記録されるようになってきています。「行動の所産」が見つけやすくなってきているわけです。

　「評価をしない評価制度」の運用では、上司と部下の負担をできる限りなくして記録することがとても重要なので、これらの機器をうまく活用していくことを考えましょう。これからは、より「パフォーマンス・フィードバック」がやりやすくなる時代になってきます。

　76ページの「配達ドライバーの出発時間」の事例では、本人が記録する「サインアウトシート」というものから出発時間を確認し、それをグラフ化してフィードバックするという手順を取っています。それを実施する前段階として、会社に記録として残っている出発時間もあり、それと本人の記録にズレがないことを確認しています。

　78ページの「利用者データの収集」の事例でも、本人が収集してきたものを施設側でまとめて、それをグラフ化して本人にフィードバックします。これらのパターンから、実際にやっていくイメージがつかみやすいのではないかと思います。

3-6 「自己記録」の信頼性の低さは 本当にデメリットか

📄 「うそ」の記録でもパフォーマンスは上がる!?

　自己記録なら上司の負担を少なくできるので、「評価をしない評価制度」を使う意義を考えると、自己記録のほうがよいのは間違いありません。しかし、ここで出てくるのが、自己記録の「虚偽の記録」つまり「うそ」が出やすいという「信頼性」の問題です。

　本当は30分ほどしかやっていないのに1時間と記録する。書類の処理は10件だったのに15件と記録する——このような「うそ」の自己記録が出てくる可能性があるわけです。

　「それはまずい。自己記録はダメではないか」と思われるかもしれませんが、では、自己記録による「うそ」は本当に問題なのでしょうか。

　実は、ここに面白い実験があります。

　ある子どもたちに、勉強時間を自分たちで記録させて、どれだけ変化が出てくるかという実験をしました。自主勉強させる際に、Aグループの子どもたちには、自分の勉強を始めた時間と終わった時間を書いて、勉強時間がどれくらいだったかを記録してもらいます。Bグループには何もさせませんでした。

　「パフォーマンス・フィードバック」＝「事実の振り返り」が効果を発揮し、Aグループのほうが勉強時間は増加し、結果として成績もよくなりました。Bグループは変化なしです。

　実はこの実験では、子どもたちに自分で記録してもらうのとは別に、実験の研究者も、本当にどれくらい勉強していたのかを「他者記録」していたのです。

　すると、やはり子どもたちのなかには、本当の時間よりも長く記録している「うそ」をつく子たちもいたのです。子どもですから、

これはいたしかたないことでしょう。

　しかし、この実験の面白いところは、この後です。「うそ」をついていた子どもたちであっても、記録しない子どもたちよりも、結果として勉強時間は増えていたのです。

　「うそ」の記録であっても、パフォーマンスは引き上げられる。つまり、自分自身で「事実の振り返り」をしていること自体が、効果を発揮していたわけです。

　「評価をしない評価制度」では、最終的に、記録をとったことに対しても「評価」は実施しません。そうであれば、極端な話、その記録がたとえ「うそ」であったとしても、結果として影響はあまりないことになります。

　自己記録には、他者記録にはないメリットがあるため、記録して振り返ることでパフォーマンスが上がるのであれば、自己記録を中心にやっていこうという考え方が、現実的には適しているのです。

　もちろん、企業の組織においては、記録するのは大人ですから、わざわざ「うそ」を前提に進めていく必要はありません。ただし、信頼性を追い求めるよりも、記録して「事実の振り返り」をすることに価値があることを知っておくことは重要だと思っています。

　また、3－3項の配達ドライバーの出発時間や、この項の子どもの勉強時間のように、基本は自己記録であっても、客観的に確認できるような記録もたくさんあります。できるだけ、そのようなもので記録していくとよいでしょう。

　最近の研究には、上司からフィードバックされるよりも、自己記録のほうがパフォーマンスが上がるというようなデータが発表されたものもあります。

　実施する企業の状況などにより違ってくるので一概にはいえませんが、やりやすさと効果を考えると、「評価をしない評価制度」は、自己記録を中心に運用していくことがよいのではないでしょうか。

ドラッカーのMBO
（目標管理制度）

　人事評価制度といえば、「目標管理制度」いわゆる「MBO」を実施している企業や検討している企業があると思います。そこで、この「MBO」について少し解説しておきましょう。

　「MBO」とは、「Management by Objectives」の頭文字をとった略語です。人事に関する用語は直訳されることが非常に多く、これも「Objectives」＝「目標」、「by」＝「による」、「Management」＝「管理」なので、「目標管理」と訳されています。

　「Management」は日本では「管理」と訳され、「Manager」は「管理者」と訳されるので、管理という訳語はたしかにそのとおりなのですが、本来の「Management」は、管理というよりは「経営すること」のほうが意味は近く、現状のリソース（ヒト・モノ・カネ・情報など）を最大限に活用し、うまくやりくりすること、というような意味があります。

　この「MBO」は、有名な経営学者のピーター・ドラッカー氏が、その著書『現代の経営』のなかで提唱した理論です。そして、ドラッカー氏は、この「MBO」を使用する際に、「MBO－S」としていることが多くありました。

　この「S」とは、「Self-Control」のことです。したがって、「MBO－S」は「Management by Objectives and Self-Contorol」となります。

　つまりドラッカー氏は、「目標管理の最大の利点は、自己管理によるマネジメントを可能にするところ」と語っているのです。

　何も目標などなしに仕事をするよりも、何かしらの目標をつくり、その目標があることで、日々の行動に落としこむことができ、それを自分自身でコントロールしていく──そのようなマネジメントの

ことを「Management by Objectives」＝「目標をつくることによる
マネジメント」と、唱えたわけです。

　1年後の目標を設定し、そしてそれを実現するためには、◯月ま
でにはここまでできていて、そのためには今週は何を行なって、そ
のためには今日は何をどこまで進めよう、というように自分自身で
「マネジメント」ができるようになることが「MBO」です。

　人事評価制度の査定に使うためではなく、社員それぞれが自身で
できるマネジメント手法として取り入れることこそが、本来の効果
を発揮できるMBOの活用法なのです。

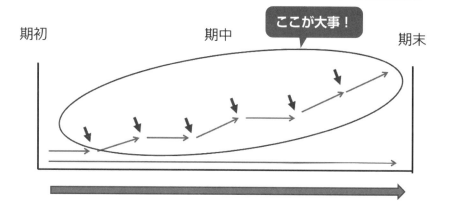

「目標」をつくることにより、日々のマネジメントを実現する。
そして、それを自分自身で「記録」して進めていく

期初　　　　　　　　　　　　期中　　　　　　　　　　　　　期末

ここが大事！

　「評価をしない評価制度」では、まさしく目標に向けて、日々ど
のような行動をしているのか、そのパフォーマンスはどの程度か、
を自分自身で記録して振り返ります。そして、年間の目標ではなく、
もう少し短いスパンの毎月単位で、目標を見直したり設定したりし
ていきます。

　ドラッカーの唱えた「MBO－S」を実践していくようなツール
ともいえるのが、「評価をしない評価制度」なのです。

4章

「評価をしない評価制度」のベースとなる
「ABA(応用行動分析学)」の考え方

4-1 ＡＢＡ（応用行動分析学）とは何か

📄 人などの行動の原理原則が理解できる

　この４章では、「評価をしない評価制度」のベースの考え方になっている行動科学、「ＡＢＡ（応用行動分析学）」について、解説します。「評価をしない評価制度」を実際に構築、運用する際は、読んでいなくても大丈夫な章なので、つくり方を早く知りたい方は、この４章を飛ばしてもかまいません。

　もし、「パフォーマンス・フィードバック」によって、どうして成果の実現や社員の成長につながるのか、その理由などに関心があるのなら、この４章もぜひお読みください。

　人（動物もですが）の行動の原理原則の内容について解説するので、企業の組織だけでなく、家族のマネジメント、子どものマネジメント、ペットのマネジメント、セルフマネジメントなどにもきっと活かせると思います。

　前述しましたが、「一般社団法人日本ＡＢＡマネジメント協会」と「一般社団法人行動アシストラボ」という２つの法人は、このＡＢＡに特化した研究や勉強会、セミナーなどの活動をしています。

　前者は企業向けの「組織行動マネジメント」の研究などに関する活動、後者は個人向けのセルフマネジメントや療育の支援などに関する活動をしています。

　また、このＡＢＡの内容をメインにした書籍『自律型社員を育てるＡＢＡマネジメント』（アニモ出版刊）も出しているので、関心のある方はぜひ、手に取っていただけると嬉しいです。

　「やる気」や「意識」に頼らない、人材育成のマネジメントのやり方をその内容とした書籍です。

📄 ABA（応用行動分析学）とはどのようなものか

　「ＡＢＡ」とは、「Applied Behavior Analysis」の頭文字をとったもので、1960年代にアメリカの心理学者であるバラス・フレデリック・スキナー博士によって確立された学問です。

　心理学ではありますが、いわゆる「精神」とか「心のなか」を探ろうとはせずに、徹底した「行動の分析」によって、原理原則を導き出し、それを応用して、より望ましい行動ができるようにしていこう、という学問です。実際の行動の集計や傾向などを分析するので、「理系の心理学」などともいわれます。

　実は、３章で紹介した各事例は、この「ＡＢＡ（応用行動分析学）」の専門誌に掲載された実験事例です。この本で何回も登場する「パフォーマンス・フィードバック」も同様に、このＡＢＡに関する学問のなかでよく使われる言葉なのです（ちなみに、「ＡＢＡ」は「エービーエー」と読みます。「アバ」と読みたくなる人は、年代的に私（1972年生れ）に近い方かも…）。

　「ＡＢＡ（応用行動分析学）」は、人の行動は環境との相互作用で引き起こされ、自主的に繰り返すようになる、という考え方による学問です。基本的に「心のなか」の動きは考えません。

　これは、心を否定するとか、心を無視するということではなく、心のなかにはいろいろな要素があるかもしれないし、ないかもしれないけれど、「行動の原因」をそこには置かない、という考え方です。

　心のなかに行動の原因を置くことは、とても簡単で楽なことです。したがって、次のような思考停止状態に陥ることが多くあります。

●うまくいったのは、意識が高まったからだ。
●うまくいかないのは、まだまだ意識が足りないからだ。

このように、いくらでも結果論で言えるようになってしまいます。

行動をするのもしないのも、「やる気」や「意識」が原因だとすると、それを高めるためにいろいろと取り組む。それが高まっているかどうかは、結果によって決められる。この繰り返しとなり、結局は行動の改善につながらない――このような状態に陥ってしまうことから脱却した考え方が「ＡＢＡ」なのです。

　もっといえば、ＡＢＡでは、その「やる気」や「意識」も行動の一つと考えます。「やる気」や「意識」も言語による行動なので、これもまわりの環境との相互作用で引き起こされたり、繰り返されたりするものだと考えるのです。

　実は、日本において「ＡＢＡ（応用行動分析学）」は、まだまだ知名度が低く、私がセミナーなどで、「ＡＢＡとかスキナー博士を知っていますか？」と聞いたりすると、50名ぐらいの参加者のなかで、手を上げるのはゼロ名か、いても数名だったりします。

　そして、ＡＢＡを知っている、スキナー博士を知っているという方の多くは、発達障害や自閉症などのご家族がいる方です。実は、療育の場での行動変容で、ＡＢＡは大きな成果をもたらしていて、日本におけるＡＢＡは、９割以上がこのような役割で用いられています。

　ＡＢＡの本場であるアメリカでは、日本同様に療育の場でもその効果を発揮していますが、組織行動のマネジメントにおいても多く用いられていて、たくさんの研究結果があります。

　アメリカでは、ＡＢＡ専門のコンサルティング会社も多く存在しています。主流というわけではありませんが、一つの潮流として、人事マネジメントの手法として確立されているわけです。

📄 B.F.スキナー博士

　このＡＢＡ（応用行動分析学）を確立した「スキナー博士」。おそらく初めて聞かれた名前かと思われます。しかし、心理学を研究している人のなかでは知らない人はいないぐらい有名なのです。

実は、心理学者同士で選ぶ「20世紀の100人の最も著名な心理学者」という調査では、このスキナー博士が堂々１位になっているのです。

この調査のときの２位にはピアジェが入っています。そして、３位にフロイト、４位にワトソン、６位タイには「パブロフの犬」で有名なパブロフも入っています。日本においては、こちらのほうがよく聞かれる名前でしょうか。

このように、名だたる心理学者（心理学専門でない人も入っていますが）のなかにおいても、スキナー博士が心理学に与えた影響はとても大きいものだったのです。

ちなみに、管理職になったらまず読みなさい、といわれるような世界的ベストセラーの『人を動かす』（デール・カーネギー著）の冒頭のところにも、ＡＢＡ（応用行動分析学）やスキナー博士が登場しています。

本人は小説家をめざしていたようですが、小説家としては大成せず…だったようです。

私も実際に発行された小説を読んだことがありますが、やはり「……」でした。

（文中のランキングは下記より引用）

Haggbloom, Steven & Warnick, Renee & Warnick, Jason & Jones, Vinessa & Yarbrough, Gary & Russell, Tenea & Borecky, Chris & Mcgahhey, Reagan & Powell, John & Beavers, Jamie & Monte, Emmanuelle. (2002). The 100 Most Eminent Psychologists of the 20th Century. Review of General Psychology. 6. 139-152. 10.1037//1089-2680.6.2.139.

「スキナー箱」による実験

そして、このスキナー博士が開発したもので、有名なのが「スキナー箱」です。行動の基礎実験を行なうためのもので、次ページ図のような装置です。

これは、いまでもＡＢＡ（応用行動分析学）の基礎研究をしている大学などで活用されています。YouTubeなどで、ぜひ「skinner box」と検索してみてください。ネズミやハトが箱のなかに入って動いている実験がたくさん出てくると思います。

スピーカー
ライト
レバー
エサやり器
電熱線

　上図の箱のなかにはネズミがいて、いくつかの装置があります。スキナー博士は、この箱のなかの実験で、行動の原理原則を見つけたのです。箱のなかにいるネズミが、たまたまか何かでレバーを押して倒したところ、装置（エサやり器）からエサが出ました。すると、ネズミは何度も何度もレバーを倒すようになったのです。
　一方、次にレバーを倒した場合に、床の電熱線から電気ショックが流れるようにしたところ、ネズミはレバーを倒さなくなりました。
　「それはそうだろう、当たりまえだ」と思われるかもしれませんが、スキナー博士はここで気がついたのです。「ネズミが自分からレバーを倒すかどうかは、レバーを倒した後の結果（行動後の環境の変化）によって予測できる」と。
　ネズミが、エサがほしい（意志）、エサを出そうと思っている（意識）などを見なくても、行動した後の環境の変化を分析することによって、行動の予測ができるようになることがわかったのです。

　そして、レバーの重さや、エサの出る量、回数、頻度や、電気ショックの強さ、回数、頻度などを何度も変えて実験し、膨大なデータを取って分析します。

　その結果から、次にネズミが自ら行動する予測ができるようになり、さらには、どのような刺激(エサや電気ショック)を提示すれば、ネズミにレバーを倒させることができるようになるかの「行動の制御」もできるようになったのです。

　⇒ ネズミが次に自分からレバーを倒す、という行動が増える。

　⇒ ネズミが次に自分からレバーを倒す、という行動が減る。

ここから次の結論が導き出せます。

行動の直後にどのような結果が起きているかを見ることで、次に自分からの行動が増えるか減るかの予測ができ、どんな結果を提示するかで制御もできるようになる。

　このような1960年代から実証された基礎実験により、いまでは動物のトレーニングにも、人間の行動変容にも、さまざまな場面でABAは使われるようになってきたのです。

行動の原理原則である「強化」と「弱化」とは

📄 4つのキーワードを組み合わせる

　人（動物もですが）の行動には、原理原則があります。そこで、ＡＢＡ（応用行動分析学）のなかで、まずは一番基本ともいえる「**強化の原理**」と「**弱化の原理**」を紹介しましょう。どうして人は自ら行動するのか、しないのか——その原理原則です。

　これを知っておくと、組織の行動のマネジメントだけではなく、日常生活においても、何かと活用できるので、ぜひ身につけておきましょう。

　「強化の原理」と「弱化の原理」は、次の4つのキーワードの組み合わせによって説明することができます。

強 化	弱 化	好 子	嫌 子

　それぞれ、強化＝きょうか、弱化＝じゃっか、好子＝こうし、嫌子＝けんし、と読みます。この4つのキーワードを、それぞれ組み合わせることで、どうして人は行動するのか、その大部分の分析と、そこからの予測、そして行動変容へと、具体的な改善のやり方がつかめるようになります。

　なお、この本では、厳密な定義や正確性よりも、わかりやすさや、使えることを目的に説明していることをご了承ください。

　「科学」の分野なので、本来は厳密な定義などを大事にしないといけないのかもしれませんが、専門知識はなくてもできる限り理解いただけるように説明していきます。

　では、この「強化の原理」と「弱化の原理」について、例をあげながら、一緒に考えていきましょう。

📄 「強化の原理」とは

> **【強化の原理】**
> 「何かの行動をした結果、よいことが起きるか、悪いこと
> がなくなると、その行動は繰り返されるようになる」

　この定義だけを見ても、すぐに理解するのはなかなか難しいです
ね。そこで、例をあげて見ていきましょう。

【強化の例①】

　「Aさんは休みの日に、友だちから薦められた話題のマンガを読
んだところ、それはすごく面白かった！」

　Aさんはその後、そのマンガの続きを買って読むようになりまし
た。

　「マンガを読む」という行動をした結果、「すごく面白かった」と
いうよい体験が起きたことで、Aさんは、このマンガのシリーズを
買って読むという行動を、自らするようになったのです。

⇒ その後マンガを読むようになった

　この場合、「そのマンガを買って読むということが【強化】された」
という言い方になります。

　もう一つ、よいことが起きることとは違うパターンでも、行動を
繰り返すようになる場合があります。次の例を見てください。

【強化の例②】

　「Aさんは休みの日に、先日振られたことを思い出してしまい、つらい気持ちでいた。友だちに薦められたマンガを読んだところ、そのときとその後しばらくは、失恋を忘れることができた」

　「マンガを読む」という行動をした結果、「失恋を思い出してしまう」というつらい気持ちがなくなりました。

　Aさんは、マンガを手に取って読むことを、自ら繰り返すようになります。これも【強化】です。

⇒ その後マンガを読むようになった

　この場合は、「①と同じくマンガを読むということが【強化】された」と言います。

📄 「弱化の原理」とは

> ### 【弱化の原理】
> 「何かの行動をした結果、悪いことが起きるか、よいことがなくなると、その行動は繰り返されなくなる」

　今度は、「強化の原理」とは逆の「弱化の原理」の定義です。

　自ら行動を繰り返すようになることが「強化」なので、今度はその反対、つまり自ら行動をしなくなってしまうことが「弱化」です。

　「強化」の場合と同じように、「弱化」にも2つのパターンがあります。

【弱化の例①】

「Ａさんが休みの日に、友だちから薦められた話題のマンガを読んだところ、まったく趣味に合わず、つまらなかった…」

今度は、マンガを読むという行動をした結果、「つまらなかった」という、どちらかというと嫌なことが起きました。

そこでＡさんは、もうこのマンガを読むことは、なくなりました。

⇒ その後マンガを読まなくなった

この場合は、「マンガを読むことが【弱化】された」となります。

気づきましたでしょうか。「薦められて」「マンガを読む」までは、【強化】のときとまったく同じです。違うのは、行動した後の結果だけです。そして、その結果次第で、マンガをまた読むのか、もう二度と読まないのか、というように、行動が変わってくるのです。

【弱化の例②】

「Ａさんが休みの日に、マンガをたくさん読んだところ、気がついたら夜になってしまい、大事な休日の時間を失ってしまった」

「マンガを読む」という行動をした結果、「休日の時間」という本人にとってよいものがなくなってしまいました。Ａさんは今後、マンガをたくさん読むということを抑えるようになりました。

⇒ その後マンガを読まなくなった

この場合、マンガを読まなくなったので、「たくさんマンガを読むことが【弱化】された」となります。

このように、行動を分析すると、行動が繰り返されたり、逆に繰り返されなくなるしくみがあることがわかってきます。これこそが、ＡＢＡ（応用行動分析学）の得意とするところです。

人が行動をする、しないに関して、心のなかを原因とせずに、環境の変化によって、行動の予測と制御ができるようになってくるのです。

「好子」「嫌子」とは

「強化の原理」「弱化の原理」で出てきた、行動した結果に出てくる「なにかよいこと」「なにか悪いこと」のことを、「好子（こうし）」「嫌子（けんし）」と呼びます。

> ## 【好 子】
> 「行動の前後にある刺激や現象のことで、本人にとってなにかよいもの・こと、刺激のこと」

> ## 【嫌 子】
> 「行動の前後にある刺激や現象のことで、本人にとってなにか悪いもの・こと、刺激のこと」

ＡＢＡ（応用行動分析学）のなかでは、これらを「強化子」「罰子」と呼ぶこともありますが、ここでは一般にわかりやすい「好子」「嫌子」を用いるようにします。

では、先ほどあげた例のどこに、好子や嫌子が出てくるかを確認してみましょう。

【強化の例①】

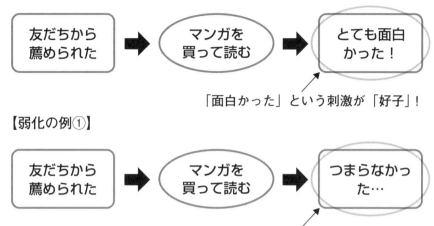

「面白かった」という刺激が「好子」！

【弱化の例①】

「つまらなかった」という刺激が「嫌子」！

　強化の例①を、行動分析学的な表現をすると「**好子出現による強化**」といいます。また、弱化の例①を同様に、「**嫌子出現による弱化**」といいます。

【強化の例②】

「つらい」という【嫌子】がある

【嫌子】がなくなった！

失恋でつらい　→　マンガを読む　→　失恋を忘れられた

【弱化の例②】

「時間」という【好子】がある

【好子】がなくなった！

休みの日で時間がある　→　マンガをたくさん読む　→　時間がなくなった！

強化の例②は「嫌子消失による強化」、弱化の例②は「好子消失による弱化」となります。

📄 行動の４原則の組み合わせで分析できる

　前ページにあげた４つのパターンで、行動のほとんどを表わすことができるようになります。「強化の原理」で２パターン、「弱化の原理」で２パターンの計４パターンです。そして、出てくるキーワードも次の４つです。

強 化	弱 化	好 子	嫌 子

　この４つのキーワードを組み合わせることにより、以下の４つのパターンができあがります。

1
【好子出現による強化】
行動した後に、何かよい結果が出たら、その行動を繰り返すようになる

3
【嫌子出現による弱化】
行動した後に、何か嫌な結果が出たら、その行動を繰り返さなくなる

【嫌子消失による強化】
行動した後に、何か嫌なものがなくなったら、その行動を繰り返すようになる
2

【好子消失による弱化】
行動した後に、何かよいものがなくなったら、その行動を繰り返さなくなる
4

　どうして、人は自ら行動をするのか──。
　それを、「やる気」や「意識」などの内面を見なくても、このように分析ができて、そしてそこから改善へ向かうことができます。

「好子」や「嫌子」を出現させたり、消失させたりという手法を使って、行動の変容が可能になっていくのです。

それでは、ワークを行なってみましょう。

知識をインプットしたら、それをアウトプットすることが、本当に身につけるための第一歩です。

強化・弱化のワーク

例題の文章を読んで、次の①〜④のどの現象が起きているか、考えてみましょう。

①【好子出現による強化】　②【嫌子消失による強化】

③【嫌子出現による弱化】　④【好子消失による弱化】

＜例題＞

新人のAさんは、会議の場で勇気を出して発言した。

するとまわりの参加者から、「発言ありがとう」と言われた。

Aさんは、その後の会議で自ら発言することが増えた。

考え方としては、まずは「行動」を見つけ、それが繰り返される、増加しているようであれば【強化】、繰り返されない、減少しているようであれば【弱化】になります。

【強化】【弱化】にはそれぞれ2パターンしかないので、行動の後に何かが出てきたのか（出現）、何かあったものがなくなったのか（消失）、で考えると、解答が導き出せます。

さあ、そのように考えると、上の例題の行動は強化か弱化か、そしてその行動は増えているのか、減っているのか。また、行動の後に、何かが出現したのか、何かあったものが消失したのか——。

この例題が上記①〜④のどれに当てはまるかわかりましたでしょうか。解答は、次のページです。

①【好子出現による強化】

いかがでしたか。

まず「行動」は、「発言した」ですね。そして、その文章の最後は、「発言することが増えた」とあります。したがって、これは【強化】です。また、【強化】は、①【好子出現による強化】か、②【嫌子消失による強化】のどちらかです。では、何かが出現したのか、何かが消失したのか…。ここでは、Ａさんが発言したら、まわりの参加者から「発言ありがとう」という言葉が出現しています。そのため、解答は①【好子出現による強化】となります。

練習問題をもう少しやりましょう。問題の文章を読んで、次の①～④のどの現象が起きているか、考えてみましょう。

①【好子出現による強化】　②【嫌子消失による強化】
③【嫌子出現による弱化】　④【好子消失による弱化】

＜問題❶＞
上司のＢさんは、自部署の部下を誘って食事に行った。
遠慮しない部下たちは高い注文をしたため、Ｂさんの今月のお小遣いはほとんどなくなってしまった。
上司Ｂさんは、しばらく部下を誘わなくなった。

＜問題❷＞
別の部署のＣ部長は、懇親会でおやじギャグを言った。
社員たちは苦笑いで微妙な雰囲気となった。
Ｃ部長は、よりオヤジギャグを言うようになった。

答えは217ページに！

4-3 ＡＢＣ分析を活用しよう

📄 一連の流れとして行動を分析する

前項で「強化」「弱化」を表わしていた図は、行動を時系列に分析している図なのですが、このように一連の流れで行動を分析することを「ＡＢＣ分析」といいます。「ＡＢＣ」とは、一連の流れに出てくる３つの内容の頭文字を表わす言葉です。

「Ａ」…先行条件（Antecedent）
「Ｂ」…行動（Behavior）
「Ｃ」…結果（Consequence）

99ページの「強化の例①」に当てはめてみましょう。

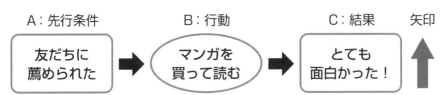

A：先行条件　　　B：行動　　　C：結果　　矢印

| 友だちに薦められた | → | マンガを買って読む | → | とても面白かった！ |

「Ａ：先行条件」は「きっかけ」として考えるとわかりやすいかもしれません。友だちに薦められたのを「Ａ：きっかけ」に、マンガを買って読むという「Ｂ：行動」をしたところ、とても面白い！という「Ｃ：結果」が出現したのです。この例は、マンガを買って読むという行動が繰り返される「好子出現による強化」でした。

上の図の右端に「上向き矢印」がついています。これは「強化」を表わしています。弱化の場合は「下向き矢印」にします。

どんな事象が起きているのか、この図ではパッとわかりやすくなっています。

「ＡＢＣ分析」によって、行動の前後を見るようになると、どうしてこの人はこの行動をするのだろう、逆に、しないのだろう、ということが人間性や性格以外の原因から見られるようになります。

　そこから「Ａ：先行条件」や「Ｃ：結果」に原因を見つけることができるようになり、「きっかけ」を与えてみる、「結果」を変えて提示してみる、というような取り組み（「介入」といいます）を検討、実施することで、行動変容につなげることができるのです。

　「なんでこの人は行動しないのだろう」という問いに対して、「やる気がないからでは」「ゆとり世代だからでは」というように簡単に原因を考えるのではなく、行動の前後の環境とその変化に原因を見出し、そこから改善につなげるのです。

　その「見方」を身につけると、不毛な「個人攻撃」を避けられるようにもなってきます。

　では、インプットしたらアウトプット。まずは、ＡＢＣ分析のワークをやってみましょう。

＜例題＞次の文章を読んで、ＡＢＣ分析をしてみましょう。
中堅社員Ｄさんは、部下の新人Ａくんから仕事の質問をされた。「こうやるといいよ」とアドバイスしたところ、「そんなことはわかってます」と言われた。
Ｄさんは、Ａくんにアドバイスしないようになった。

| A：先行条件 | B：行動 | C：結果 | 矢印 |

　例題の文章から、上記の空白に何が入るか埋めてみましょう。【強化】か【弱化】かの矢印も忘れずに！

【解答】

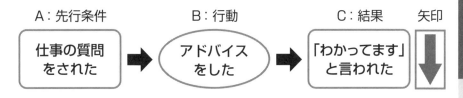

A：先行条件　　　　　B：行動　　　　　C：結果　　　　矢印

仕事の質問
をされた　　➡　アドバイス
をした　　➡　「わかってます」
と言われた　　⬇

　考え方は、前述したように、まずは「行動」を見つけること。この場合は、中堅社員のDさんが主語なので、Dさんの行動になります。それは何でしょうか。

　例題の文章には「アドバイスしたところ」とあり、さらに最後に「アドバイスしないようになった」となっているので、やはり行動は「アドバイスをした」です。

　そして、行動は繰り返されなくなっているので、これは【弱化】ですね。だから、右端の矢印は「下向き矢印」になります。

　次に、「アドバイスをした」の前のきっかけは何か。例題の文章から「新人のAくんから仕事の質問をされた」ことだとわかります。これをきっかけに、Dさんのアドバイスが引き出されています。そして結果は、「そんなことはわかってます」と言われたことですね。ちょっと嫌な感じの発言でしょうか。

　ちなみにこれは、嫌なことが出現することにより、アドバイスという行動をしなくなっているので、【嫌子出現による弱化】となります。

　こうして、この中堅社員Dさんの行動を見ると、Dさんが意地悪だとか、内面の問題だけではないことが見えてくるのではないでしょうか。

　組織のなかで人が望ましい行動をしない場合、その人の内面の問題もあるかもしれませんが、ABC分析をすることで、気づかない現象が見えてきて、解決の糸口になることも多くあるのです。

さて、ここでも練習問題です。以下の問題の文章を読んで、ＡＢＣ分析をしてみましょう。

ＡＢＣ分析ワーク

<問題①>
上司Ｅさんは、今日中に終わらせなければいけない、たくさんの仕事を抱えている。
部下のＡさんに仕事を振ったところ、なんとか今日の仕事が完了した。
Ｅさんはａさんに仕事を振ることが多くなった。

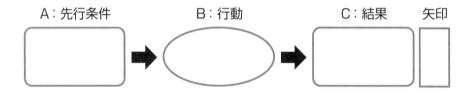

<問題②>
ベテラン社員のＦさんは、週末の野球観戦の予定を楽しみにしている。
しかし、たくさん仕事を入れてしまったため、観戦に行けなくなってしまった。
Ｆさんは、今後仕事を入れるのを抑えるようになった。

答えは217ページに！

4-4 行動の原理原則の「消去」とは

📄 「消去」が起きないようにする

４章では、ＡＢＡ（応用行動分析学）の基本的な考え方について解説していますが、もう一つ、どうしても知っておいてほしいことがあります。それは、行動の「消去」というものです。

実は、「評価をしない評価制度」で用いる「パフォーマンス・フィードバック」とは、この「消去」が起きないようなしくみでもあります。そこで、この「消去」の概念について説明しておきましょう。これは、働く人のいわゆる「モチベーションダウン」につながるものでもあります。

【消 去】
「行動しても好子が出現しない、もしくは嫌子がなくならないため、行動しなくなる」

文章で読んでも、なかなかわかりづらいと思いますので、こんなときはＡＢＣ分析の図で見てみましょう。子どもの「あいさつ」の例です。

子どもは、近所の人に会ったら、あいさつをするようにと教わって育てられると思います。もしくは、まわりの大人や友だちなどを模倣して、子ども自らあいさつをするようになります。

子どもがあいさつをすると、たいていの大人はあいさつを返して
くれます。「あいさつする（B：行動）」→「あいさつが返ってくる
（C：結果）」という、強化が起きているのですね。

　しかし、前ページのＡＢＣ分析図では、Ｃ（結果）は出現してい
ません。

　すると、この子どもは、次からＦさんに会っても、「あいさつする」
という行動をしなくなるでしょう。このことを、「あいさつすると
いう行動が消去された」という言い方をします。

　職場でみられる「消去」の例をいくつかあげてみると、次のとお
りです。

- ●ホワイトボードに専用マジックで字を書く（行動）と、イン
  クが乗って字や絵が書けていた（結果の出現）が、インクが
  切れて字が出なくなる（結果なし）と、マジックを使わなく
  なった（消去）。
- ●上司の悪口をまわりの同僚に話す（行動）と、まわりの者が
  「そうですよね」と反応する（結果の出現）が、そのうちま
  わりの者が嫌になってきて反応しなくなった（結果なし）ら、
  悪口を言わなくなった（消去）。
- ●組織の目標に向けて、新しい提案書をつくる（行動）と、上
  司が「頑張っているね！」と評価してくれていた（結果の出
  現）が、だんだんと見てくれなくなった（結果なし）ため、
  提案書をつくらなくなった（消去）。

　ちなみに、消去が起きるには、「何かしら強化されている」とい
う前提があります。

　いままでは好子が出ていたから行動が維持されていたのに、変化
がなくなってきたらだんだん消去されてくる、ということは、日常
でもありそうですね。

4-5 「評価をしない評価制度」で しくみが変わる

📄 「消去」させずに「強化」することを実現する

前ページの囲みに、「上司からの評価がないため、提案書をつくらなくなる」という「消去」の例をあげました。社員のパフォーマンスダウンの例です。

前項で「消去」の概念について説明したのは、このようなパフォーマンスダウンを防ぎ、逆に、たとえ上司からの評価がなくても、パフォーマンス向上を実現する取り組みを紹介するためです。

「上司が評価をする」ということは行動なので、これも強化されないと行動は繰り返されにくいのですが、「評価をする」という「B：行動」には、なかなか好子となるような結果が出ないものです（低い評価をしたら嫌な顔される、高い評価をしたら給与を上げなくてはいけない、等々）。

そのため、「評価をする」ということはかなり負担が大きく、やらされ感でしかたなく行なっている場合がけっこうあります。

また、日本の中小企業の場合、上の立場の人ほど、お客様とのやりとりを担当するなど、実務の最前線でいることが多く、プレイヤー要素が強いので忙しくて部下の行動を見ていられない、という実情もあります。

その結果、部下が頑張ったことであっても見過ごしていたり、年

度末や賞与のときの評価の際もやらされ感で行なっていたり、そもそも適正な承認のスキルなどを持っていないため、好子となるような結果を評価の際に出現させられなかったりします。そして、部下である社員の望ましい行動は消去されていく…。

「評価をしない評価制度」では、このような「消去」が起きてしまう職場を「パフォーマンス・フィードバック」という手法により、「消去」させずに「強化」するというしくみを組織に備えつけていきます。

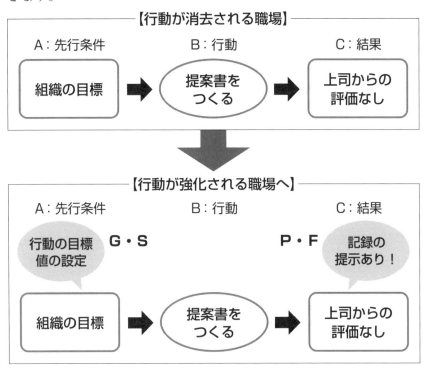

社員に発揮してほしい行動、パフォーマンスに対して、ゴール・セッティング（G・S）＆パフォーマンス・フィードバック（P・F）を行なうことで、上記のようにABC分析図は変わります。デメリットの多い上司の評価を取り除くことにより、パフォーマンスの発揮と、そこからの成果の実現、人材育成につなげていきます。

4-6 OBM（組織行動マネジメント）とは

📄 生産性向上に欠かせないツール

ABA（応用行動分析学）を、産業の場面や企業の組織に応用することを「OBM」（Organizational Behavior Management：組織行動マネジメント）といいます。

3章でご紹介したいくつかの実験事例は、1977年から発刊が始まったアメリカの雑誌「Journal of Organizational Behavior Management」に掲載された論文から引用させていただきました。

日本の製造業においては、このような科学的手法による生産性向上は非常に進んでいます。

たとえば、どんな「A：先行条件」（説明書、掲示板、床の線、工具の置き方、等々）を提示すれば、適切なパフォーマンスが引き出されるか、また、どんな「C：結果」（生産量、ロス数・率、時間単位の効率データ、インシデント数、等々）がフィードバックされるかは、それこそ日単位で常に行なっています。

その結果、非常に生産効率が高く、よい製品ができあがるという製造産業を確立させることができたわけです。

一方、ホワイトカラーを中心とする第三次産業や無形のサービス業などに関しては、いまだに「やる気」や「意思」が、従業員のパフォーマンスにおいて最重要という価値観が当たり前になっているような気がします（もちろん、すべてではありませんが）。もしかしたら、日本のサービス業の生産性向上が、欧米諸国に比べて低い原因はここらあたりにあるのかもしれません。

OBMの活動は、まだまだ日本では知られていませんが、生産性の向上は日本の産業全体の必須課題でもあります。これからは、このOBMの活用が広まっていくのではないかと思っています。

プロンプト不足とプロンプト依存

　あなたは、初めて訪れた山を登っています。目の前に分かれ道が現われました。さて、どちらに行ったらよいでしょうか？

　きっと、わからずにその場で止まってしまうと思います。しかし、後ろの登山者たちからはつつかれます。「どうして進まないんだ」「早く進めよ」などと、責められます。でも、慣れていない山なのでうまく行動できません。

　こんなときに、初めての山であっても、止まらず、悩まず、適切な行動をすることは、実は簡単です。

　「こちらが山頂」という案内板があればよいのです。

　この案内板というヒントがあるおかげで、まだ習熟していない段階であっても、最適な行動ができるようになる——このようなヒントのことを「プロンプト」といいます。

　政治家などのプレゼンターがスピーチなどをするときに、左右に透明な電子板がおいてあるのを見たことがあるでしょうか。

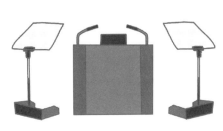

　あれはその名のとおり「プロンプター」という機械で、話す内容などがそこに映し出されているのです。おかげでプレゼンターは、よいパフォーマンスを実現することができます。

　「駅の案内板」「家具の組立説明書」「機械の操作マニュアル」などもすべてプロンプトです。大縄跳びで飛べない子どもに対し「せーの！」と声をかけるのもプロンプトです。

　自分からできるようになる前段階では、このような適切なヒントがあるおかげで、まずは行動することができます。その段階での最適なパフォーマンスを引き出すことができます。望ましい行動をする経験を積むこともできるのです。

　そして、プロンプトの特徴は、いずれ慣れてきたら、それがなくても自ら行動できるようになるもの、ということです。

　何度か登った山なら、案内板がなくても止まらずに頂上に向かう正しい道を選択できます。何度も話した内容だったら、目の前に映し出される文章がなくても話せます。

　何度も来た駅、何回もつくった家具、何度か操作した機械、慣れてきた大縄跳び…、プロンプトは、適切な行動を経験していくと、それがなくても必ずできるようになるものなのです。

　最初はだれでも、適切な行動、最適なパフォーマンスを発揮することはできません。分かれ道で戸惑ったり、慣れない駅で目的地を模索しながら迷っている段階があります。

　しかしビジネスの場では、上司は「自分から動くものだ」ということを前提に、動かない部下自身に問題があるとしてしまいます。日本の会社は終身雇用、年功序列であった時期が長く続き、もっと昔には徒弟制度で時間をかけて育成をしていたからか、この「プロンプト不足」に陥っていることが非常に多いのです。

　一方で、「プロンプト依存」というものもあります。

　これは、毎回プロンプトが提示されてしまうため、依存状態に陥ってしまう状態です。

　私は、妻の携帯番号は暗記しているのに、娘の番号は覚えていません。これは、いまはスマートフォンで簡単に提示されてしまうため、覚える必要がなくなっているのです。

　同じように、駅の乗り換え方法も、目的地への地図も、そのつどスマートフォンでアプリを見ながら移動しているため、自分の知識

として身についていません。

　先日、スマートフォンを忘れてしまったときに、目的地である地下鉄の駅までの乗り換えや、降りてからの道筋がまったくわからず、別の駅からタクシーを使ってしまいました。何度か訪問していた場所だったにもかかわらず、です。

　これは、まさしく「プロンプト依存」です。いつも教えてもらいながらでしか行なっていないために、スキルとして身についていない状態です。

　大事なのは、人材育成の「デザイン（設計）」です。

　といっても、たいそうなものではなく、まだまだ習熟していない社員に対しては、まずはプロンプトをしっかりと提示し、いま現在においてしっかりと行動してもらい、できるだけパフォーマンスを引き出して貢献してもらう。そして、徐々にこのプロンプトを減らしていって、プロンプトがなくてもできるようになってもらう——これが人材育成のデザインです。

　具体的には、最初の1か月はやり方を行なって見せて、しっかりと明確な指示、指導をしながら言って聞かせて、させてみせる。

　そして、次の1か月は、その指示を半分に減らす。

　うまくできるようになっていれば、そのまま自分でやってもらう機会を増やし、まだできないようであれば、再度やってみせて、させてみる。そして、さらなる次の1か月は、自身でやらせてみて、同様にうまくできれば承認し、まだできないのであれば指導する。

　育てたい人材に対し、身につけてほしいスキルなどはこのような育成の計画を立てて取り組んでいくことが大切です。

　「言って聞かせて、させてみて、うまくできたら承認する」ことが、自律的社員の育成につながっていくのです。

　有名な言葉にもありますが、これが昔から言われている「人材育成」の本道なのではないでしょうか。

5章

「評価をしない評価制度」の
つくり方

5-1 人事制度のフレームをつくる

📄 サンプル企業にもとづいて作成手順を見ていこう

「評価をしない評価制度」は、人事制度全般のなかで「評価」の部分をなくして運用していこう、という制度です。

1章から4章までは、その「評価をしない」という点に関して、それがどういうことか、その代わりに何をするのか、ということを説明してきましたが、この5章では、「評価」以外の「等級制度」や「賃金制度」の部分も含めて、実際に導入できるように「評価をしない評価制度」のつくり方を説明していきます。

ただし、最初から人事制度の評価制度以外の部分の「等級制度」「賃金制度」を詳細に説明するとなると、限られたページ数のなかではとても全部をお伝えすることはできません。

したがって、これがおススメという制度、特に中小企業には最適と思われる人事制度について、その内容を詳しく説明していきます。

説明するにあたっては、一つのサンプル企業の例を見ていただきながら、作成手順を紹介していきたいと思います。

取り上げるサンプル企業は、幼児向けの玩具の開発、販売を行なっている中小企業「ハビタット株式会社」です。開発を行なう本社のほかに、一部の大きなショッピングモールや観光地などに直営の販売店を10店舗ほど展開している企業です。

ハビタットは、木製のナチュラルな素材を使った、贈答用や高級志向の玩具の開発と卸売、販売をしています。20名の正社員と30名ほどのアルバイト・パート社員が在籍する企業です。

◎ハビタット株式会社の概要◎

ハビタット株式会社	
会社ロゴ	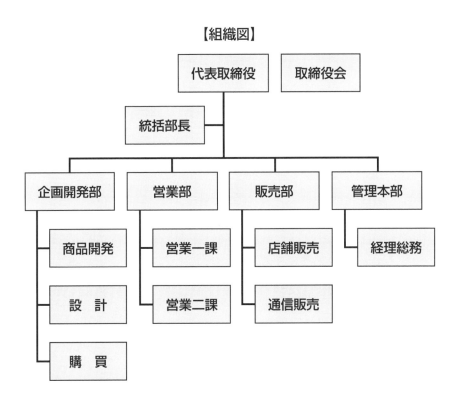
事業の種類	幼児向け玩具の開発・販売
資本金	1,000万円
従業員数	正社員20名、パート社員30名
創業	2005年
年間売上高	約10億円

【組織図】

代表取締役　　取締役会

統括部長

企画開発部　　営業部　　販売部　　管理本部

企画開発部
- 商品開発
- 設　計
- 購　買

営業部
- 営業一課
- 営業二課

販売部
- 店舗販売
- 通信販売

管理本部
- 経理総務

5章

「評価をしない評価制度」のつくり方

121

📄 どんな人事評価制度を構築するか

　ハビタット株式会社は、人事制度に関する悩みを抱えていました。部下からは、どういう基準で評価をされているのか、自分は前線で頑張っているのに、給与はどうして上がらないのか——というような不満が出てきているのです。

　一方で、上司からも多く不満が出ています。自分も忙しいなか、いつも部下を間近に見ているわけではないのに、評価をしろと言われても困惑しているし、そもそも自身にも数字的な目標があるので、そちらを優先させないと追いつかない——との不満です。

　そこで、このハビタットが、いままでの人事評価制度を刷新し、新たに「評価をしない評価制度」に切り替えることになったという設定で、その手順について説明していきます。

　人事制度全体のフレームの詳細については、拙著『Ａ４一枚評価制度から人事制度全体の構築へ 「Ａ４一枚」賃金制度』（アニモ出版刊）にて、詳しく解説させていただいています。

　等級制度や賃金制度の種類や特徴、つくり方から運用など、もしじっくりと人事制度の全体像を把握されたいようでしたら、一読いただけるとよいかと思います。

　実は、本書の「評価をしない評価制度」も、通常の「評価をする評価制度」も、等級制度と賃金制度の体系については同じものをオススメしており、それを使うようにしています。中途入社者が社員構成の中心で、年功ではない企業向けの人事制度という点では、やはりこれが最適の制度である、ということで共通にしています。違うのは、基本的には評価制度についてのみです。

　そして「評価をしない評価制度」では、評価をしないので点数が出る「結果」はありません。そのため、給与への反映方法や、等級の昇格方法などが変わってくるようになっています。

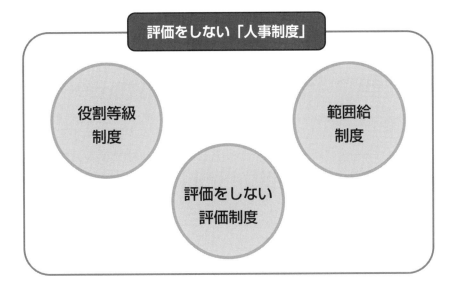

　「評価をしない評価制度」の人事制度としてのフレーム、枠組み
の全体像は、上図のようになります。

　人事制度を構成する３つの制度は、それぞれ次のようになります。

---

①等級制度は、「役割等級制度」

②賃金制度は、「範囲給制度」

③評価制度は、なし → 「評価をしない評価制度」

　この３つの制度を実際に導入し、運用していきます。

　そして、最も特徴的なのは、やはり「評価をしない評価制度」で
すが、ここで採用している「役割等級制度」や「範囲給制度」も、
特に中小企業にとって、またこれからの時代には最適な制度です。

　役割等級制度は、年功や勤続年数によらず、「いまこの時点」の
貢献を反映する制度であり、範囲給制度は、給与額を硬直化させな
い、融通のきく賃金制度です。

　それでは、それぞれの制度について、作成手順に従って説明して
いきましょう。

5-2 人事制度を作成する手順

等級制度の設計

　一番最初につくるのは「等級制度」です。「賃金制度」と「評価制度」は、どちらが先でも大丈夫です。それぞれの制度のなかにも、作成手順がありますので、それを追いかけながら見ていきましょう。

①役割等級制度の作成

①－1　区分する職種の設定

①－2　社員の大きな段階の設定

①－3　段階のなかの区分を設定

①－4　それぞれの「役割定義」を作成

①－5　職種と段階・区分を組み合わせる

①－6　同一労働・同一賃金に対応

📄 賃金制度の設計

　次に、賃金制度を作成しましょう。基本給部分は「範囲給制度」を採用し、その設計を行なっていきます。そのほか、各種手当をどうするか、賞与をどうするか、そして、同一労働・同一賃金に対応するために非正規社員の給与についての検討も行なっていきます。

②範囲給制度の作成

②−1　範囲給の「型」を決定する

②−2　職種ごとの基本給部分を設定する

②−3　基本給部分の構成を決定する

②−4　各種手当を設定する

②−5　賞与を設定する

②−6　非正規社員の給与を設定する

評価制度の設計

最後に「評価制度」ですが、これはこの本のメインテーマである「評価をしない評価制度」を採用します。そのネーミングに矛盾を感じるかもしれませんが、評価する代わりに運用していくのが、「パフォーマンス・フィードバック（P・F）」です。これをここで作成します。

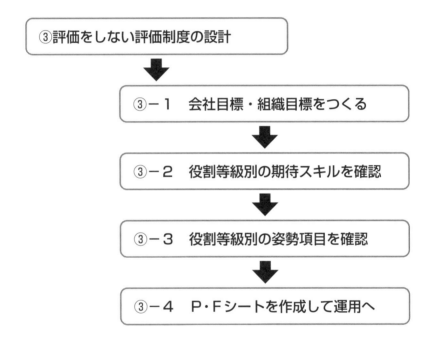

一番下の「③-4　P・Fシートを作成して運用へ」が、この「評価をしない評価制度」の一番のポイントになるところです。ただしこれは、作成段階ではフレームだけを作成し、中身を埋めるのは、運用が始まってからになります。

つまり、いかに運用で使いこなすかが重要になってくるので、作成段階では、つい、いろいろと盛り込みたくなってしまうのを、グッと押さえて、できる限りシンプルにつくることが大事です。

5-3 役割等級制度の作成

📄 職能等級制度と職務等級制度のデメリット

　サンプル企業の「ハビタット株式会社」では、いままでも人事評価制度は行なっていたのですが、いま一つ効果は感じられないでいました。若手を中心に、頑張ってもなかなか給与が上がらない、昔からいる社員たちはあまり仕事内容は変わらないのに、自分たちよりも給与が高すぎる、という不満がありました。

　これは、勤続年数に応じて給与が上がる傾向になる「**職能等級制度**」（アビリティ・グレード）を採用していたことが一つの要因でした。「職能等級制度」は、日本企業が多く取り入れてきたもので、「その人」に対して給与が紐づき、その人の能力が上がるとともに、給与も上がっていく等級制度です。「会社と契約」というイメージで、配置転換などがあっても、給与は変わりません。本人の成長に合わせて給与が変わるのです。

　そのため、どうしても年功的な要素が強くなり、勤続年数が短いうちは、なかなか給与は上がりません。

　そこで、ハビタット株式会社は、これを解消するために、最近よく聞かれるようになった、いわゆる「ジョブ型」の「**職務等級制度**」（ジョブ・グレード）に変えてみてはどうか、と検討しました。

　「職務等級制度」とは、欧米型の等級制度です。「その仕事」に給与が紐づいています。「仕事と契約」というイメージで、勤続年数には関係なく、その仕事でどれくらい成果を出したか、パフォーマンスを発揮したかで評価され、給与が決まります。

　そのため、その職務はどのようなものなのかについて詳細に作成した「**職務記述書**」（ジョブディスクリプション）というものが必要になり、それを遂行するという契約になります。

職務等級制度は合理的ではあるのですが、ハビタットでは総合職という形で、すべての仕事ができるような社員も育成したいと考えていました。「仕事と契約」では、別の職種への異動などさせにくくなりますし、実際の現場では、営業職の人が開発の仕事をしたり、人が足りないときは店舗で販売などを手伝ったりもしています。

　職務記述書どおりに仕事をさせるとなると、自分の仕事ではない、オプションだから手当が必要だ、などと、日本型の"チームで一丸となって"という面が少しやりにくくなると感じました。

　それらを検討した結果、この２つの折衷的位置にある「**役割等級制度**」（ミッション・グレード）を採用することになりました。「人」でも「仕事」でもなく、「役割」単位の等級制度です。「開発の管理職」の役割、「販売の主任」の役割、「総務のスタッフ」の役割、というように、その役割に給与が紐づく制度です。

　役割等級制度も基本は職種ごとなのですが、その職種のなかでの成長の段階を設定します。

　年功的な要素はなくし、また職種だけの要素で決めるのでもなく、いま現在、貢献度が高い「役割」をしている人が、より上の給与になることを実現したいという目的で、この「役割等級制度」を導入することに決めたわけです。

　ちなみに、1990年代の日本では「職能等級制度」の導入が80％以上を占めていました。新卒採用・年功制・終身雇用には適した制度でした。しかし最近では、導入割合は50％以下に減少、一番新しく導入されているのは「役割等級制度」で30％を超え、「職務等級制度」も20％程度の企業が導入しています。伸び方の傾向をみると、これらの導入割合が逆転するのもそう遠くはなさそうです。

　「職能」なら、長期雇用を前提に、企業内で教えてもらいながら人材育成ができましたが、「職務」では、自分で上のスキルを持っていないとその「仕事」と契約ができません。「役割」はそれらの中間程度ですが、より、頑張る人とそうでない人の差がつくようになってくるでしょう。

◎職能等級制度（アビリティ・グレード）◎

1 等級
2 等級
3 等級
4 等級
5 等級
6 等級
7 等級

「人」に紐づく

◎職務等級制度（ジョブ・グレード）◎

「仕事」に紐づく

経営	人事総務	設計管理	開発管理	企画広報	営業管理	店舗統括	店舗運営	人事総務
監査	会計経理	設計実務	開発実務	購買仕入	営業卸売	店舗販売	法務	会計経理

◎役割等級制度（ミッション・グレード）◎

等級	企画開発	営業	店舗	管理本部
1				
2				
3				
4				
5				
6				
7				

「役割」に紐づく

📄 ①−1：区分する職種の設定

　では、具体的にハビタット株式会社の役割等級制度の設計について見てみましょう。

　役割等級制度では、まずは職種をいくつかに分けます。

　これは、もともとが職務等級が発展してできた制度でもあるので、ジョブ型がベースになり、職種としての違い（たとえば開発管理の仕事、開発実務の仕事、開発支援の仕事）ではなく、開発職のなかに職能レベルがある、という考え方にもとづいて、大きな区分で分けるところからスタートします。

　ハビタット株式会社は、玩具の開発、卸売・店舗販売を行なう企業で、大きく4つの職種で構成されています。

◎ハビタット株式会社の職種区分◎

| 企画開発 | 営　業 | 販　売 | バック
オフィス |
|---|---|---|---|

　企画開発のなかには、購買の仕事や設計の仕事もありますが、人数の制約から、いくつか兼務していることもあり、やはり単独の「職務」よりは大きな「役割」で設定するほうが、実際に行なっている仕事に合わせやすくなります。

　このように、イメージとしては社内の部署、そして全体で同じ事業であれば、3つから5つ程度の職種の区分でつくっていくとやりやすいでしょう。

　区分するときの「コツ」は、部署で分けることもわかりやすいですが、それ以上に「給与水準」を意識することが大事になります。

　中途採用中心の中小企業としては、今後「ジョブ型」の雇用が進んでいくことを考えると、そのジョブである職種の給与水準を追い

かけていく必要があるわけです。

　たとえば、いま、開発や設計を任せられるような、技術職の人材を採用することは非常に難しく、求人する際の給与相場も比較的高くなっていたとします。そして、会社には、その人材がぜひとも必要な状況──。

　その場合は、やはり新規の採用のためにも、いま在籍している貴重な人材の離職を予防するためにも、市場相場に合わせた給与を設定しておく必要があります。

　一方、店舗で販売する仕事については比較的、市場にその種の労働者が多くいるとしたら、地元で接客業が好きな人材も集まりやすいでしょう。そこで、市場の給与相場も開発に比べて販売職は抑えやすい、というように、状況に合わせた給与の設定をしていくのです。

　したがって、この職種の区分については、世間の給与相場を見ながら、その違いが複数ある場合には、職種も分けて設定していく必要があります。

　もう一点、ポイントがあります。部署ごとに分けても、職種が異なる場合は、職種に合わせていく必要があるということです。

　たとえば、営業部のなかにも事務的な仕事があり、ある社員が事務の業務で仕事をしていたとします。実際の仕事内容は、管理本部に所属している事務のスタッフとほぼ同じです。

　この場合、営業部で事務の仕事をしている社員は「営業」の区分に入るのではなく、職種としての「バックオフィス」という区分に入ります。

　同じく、部署が違う経理総務の事務の仕事に従事する社員も「バックオフィス」になります。121ページに示した組織図どおりの「管理本部」とはせずに、「バックオフィス」という名称の職種にして、いわゆる事務的な仕事のほうの区分にしているわけです。

　「部署」で区分するよりも、「職種」で区分していくようにしましょう。

📄 ①－2：社員の大きな段階の設定

まずは職種の区分ということで、横の区分を設定しました。

次に、社員のなかでの縦の「段階」を設定していきます。いままでに出てきた「職能」の要素に応じて作成します。成長に伴って、上の能力（アビリティ）を獲得していきますので、その段階を作成するわけです。

ハビタット株式会社には、統括部長という社長の右腕になる幹部がいます。この統括部長は、部署に所属せず横断的に会社全体を任せられています。

そのほか、121ページの組織図にある部署ごとに部長がいます。その下には課長がいるという、比較的一般的な組織構成です。

「段階」というとわかりづらいかもしれませんが、部長と課長と一般職では「役割」に違いがあるので、この「役割ごと」を段階にして区分していきます。

「役割」と「職務」の違いを、できるだけわかりやすく考えると、「職務」として等級を設定するのであれば、「営業管理」の職務と「営業指導および実務」の職務、「営業実務」の職務になります。

「役割」として考えるのであれば、「営業」というように大きな横の職種で設定し、そのなかで「管理〜指導〜一般」という段階を設定すれば、「職能」の要素が入っていることになるので、わかりやすいのではないでしょうか。

さて、ハビタット株式会社の組織図から考えてみると、それぞれの大きな役割としては、次のようになるでしょう。

「部長」　→　マネジメントをする役割

「課長」　→　指導や監督をする役割

「一般」　→　指示を受けて業務を遂行する役割

このように役割を分けると、次の表のように等級を設定できます。

◎ハビタット株式会社の等級◎

等　級	内　容
M	マネージャー層 （管理職の役割）
L	リーダー層 （指導・監督の役割）
S	スタッフ層 （業務遂行の役割）

　等級は、この３段階に設定しました。それぞれわかりやすいように、等級の名称は「マネージャー」の「M」、「リーダー」の「L」、「スタッフ」の「S」としてみました。

　実はこれは、サンプルとしたハビタット株式会社の例というよりも、たいていの中小企業であれば、この大きな区分の３段階で十分です。

　私の会社でいままで作成してきた役割等級制度でも、600名を超える企業も、５名ほどの企業も、この同じ３段階で等級を設定しています。

　企業の規模にかかわらず、組織の構成としては、わかりやすさと大きな役割の違いに応じて設定するという点で、バランスがよいのではないでしょうか。

　職種という区分のなかで、「S」→「L」→「M」と「職能」（アビリティ）を高めていくことで、上の役割を担っていってもらうというイメージです。

📄「E（専門職）」の等級も設定しよう

　等級を大きく３つに分けましたが、実はハビタット株式会社には、これらの等級に当てはまらない社員がいました。開発および設計業務を担当している「K社員」です。

　この社員は、「M」「L」「S」のどの等級にも当てはまりません。

部下は１人もいないのですが、指示を受けて業務を遂行する「Ｓ：スタッフ」かといわれると、もっと上のポジションで、仕事は自身の裁量に任せられています。さらに、給与も他の課長クラスと同等になっています。「Ｌ：リーダー」の役割にも当てはまらず、かといって「Ｓ：スタッフ」ともいえないのです。

そこで、このような部下をもたないけれども、それなりに上の立場で給与も上のクラスという社員に適した、次の等級を設定しました。

等　級	内　　容
Ｅ	エキスパート層 （知識・技術での貢献の役割）

等級「Ｅ」は、専門技術を伸ばしていき、その知識や技術によって貢献する役割の「エキスパート層」になります。

必ずしも部下を持たずとも、この会社で上に昇格できるという道筋を示した層です。このような業務がある事業においては、その人材に活躍してもらうためにも、必要な道筋になるでしょう。

以上をまとめると、ハビタット株式会社の等級は大きく分けて下図のようになります。

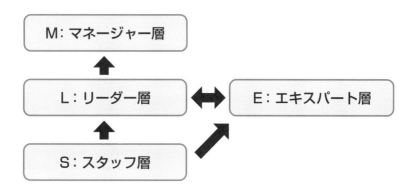

📄 ①-3：段階のなかの区分を設定

　等級の段階は、大きく「M」「L」「S」の3つプラス「E」で設定しましたが、これで終わりではなく、さらにこのなかを区分していきます。

　「中小企業向けにシンプルにするために段階を3つ程度にしたのではないか。なぜ、わざわざさらに区分するのか…」と思われるかもしれません。

　たしかに、大きく3段階に区分することは、シンプルでわかりやすく、違いをはっきり示すためにも重要なポイントです。

　しかし、このシンプルな3段階にすることにもデメリットがあるのです。それは、「それぞれの階段が高すぎる」という点です。

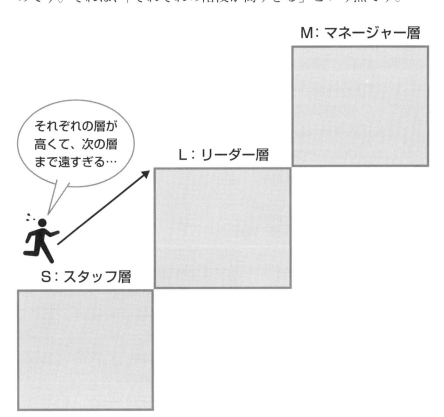

たとえば、未経験で中途入社してきた若手社員がいたとします。この会社で次の等級に行くには、「Ｓ」から「Ｌ」に上がる形になります。数年後に上がれればいいですが、全部で３段階の等級のなかでは、そんなに早く上に行くことは、よほど飛びぬけたパフォーマンスを発揮しない限り無理でしょう。

　「上の等級に上がるには10年ぐらいかかるのか…」——階段が高すぎて、それが３段階しかないとなると、一つ上の等級には手が届かない、遠くにあるというイメージになってしまいます。

　大事なのは、毎年、手の届く「見える目標」を持てることです。

　社員は、「今年はいままでできなかった仕事ができるようになったから、後輩への指導も任せてもらうことをめざそう。そして来年は、一つ上の等級にチャレンジしてみたい」などと毎年、計画を立てて、それを日々の仕事のなかで見失わずに取り組んでいくのです。

　そのためには、１ランク上の等級は、**目標が見えるところ、頑張って手の届くところに位置している**必要があるのです。

　ハビタット株式会社では、この明らかに役割が異なる３つの「Ｍ」「Ｌ」「Ｓ」とプラス「Ｅ」のなかにそれぞれ、上級・中級・初級の区分を設けて、４×３の全部で12の等級区分を設定しました。階段の高さも幅も短くしたわけです。

等　級	区　分
M	1
	2
	3
L	1
	2
	3
S	1
	2
	3

等　級	区　分
E	1
	2
	3

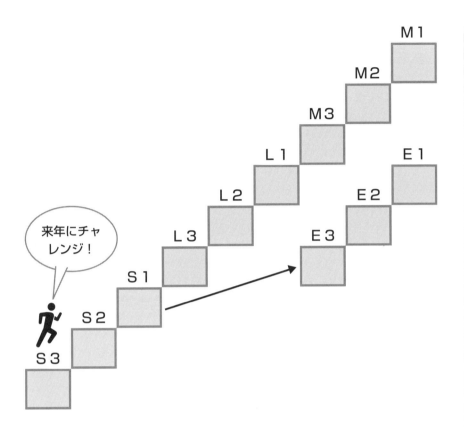

　社員が会社を辞める理由の上位には、いつの時代も常に「将来性がイメージできない」というものがあります。上記のような階段構成を見てもらい、自分自身で将来の計画を考えてもらうようにしましょう。「役割等級制度」には年功的な要素はないので、より上の役割ができるようであれば、トントントンと上がっていく、一つ飛ばして上がる、などという制度にすることもできます。

　自分自身の成長が実感できる、毎年しっかりめざすものがある、という環境をつくっておくことは、社員のモチベーション、そして定着してもらうことにおいて、とても重要なのです。

①－4：それぞれの「役割定義」を作成

　「役割等級制度」（ミッション・グレード）において、一番のポイ

ントとなるのは、「役割定義」です。

　作成してきた「M」「L」「S」＋「E」という大きな4つの役割等級、そしてそのなかをさらに3つに区分した、合計で12個の定義、つまり「役割（ミッション）の内容」をつくる必要があります。

　ただし、職務等級における「職務記述書」のように一つひとつの仕事の内容を記述する必要はありません。もう少しよい意味での「ざっくり」した定義をつくっていきます。この点においても、中小企業にとっては取り組みやすいのではないでしょうか。

　でも、「役割」をつくるといっても、どこから手をつけたらいいのか…、と戸惑われることと思います。

　そこで、ヒントとして、まずは大きな3＋1の等級で、それぞれの期待人材像をつくりましょう。期待人材像とは、具体的には次の4点についてです。まずはいま在籍する社員に関して、これを当てはめて考えていきましょう。

---

① 「求める成果」
② 「必要なスキル」
③ 「望ましい振る舞い」
④ 「任せる裁量と責任」

　ここで大事なポイントがあります。いまやっている仕事や責任を記述するのではない、ということです。

　いまの職務を分析して職務記述書をつくり、それを使っていくことは「査定」という目的には最適かもしれませんが、この評価制度の目的は「人材育成」、そしてその先にある「業績向上」です。どのような成果を出してほしいのか、どのようなスキルを身につけてほしいのか、どのような振る舞いをしてほしいのか、といった未来志向の期待人材像を設定するのです。

　「職務分析をして職務記述書をつくる」のではなく、**「期待人材像を明確にしてそのメッセージをつくる」**わけです。

ワーク　役割定義をつくってみよう

　それでは、ここでちょっとワークです。

　それぞれの等級の社員に対して、「成果」「スキル」「振る舞い」「裁量と責任」について、どのような期待をしているか、考えてみましょう。

等　級	求める成果は？	必要なスキルは？
M：管理職層		
L：リーダー層		
S：スタッフ層		
E：専門職層		

等　級	望ましい振る舞いは？	裁量と責任は？
M：管理職層		
L：リーダー層		
S：スタッフ層		
E：専門職層		

　前ページのワーク、いかがでしたでしょうか。少し考えただけでは、なかなか難しかったと思います。本来だったら、丸1日考えてもらうとか、丸1日どころではなく合宿してつくるとか、1年間ぐらいかけてつくる、というようなものかもしれませんね。

　下に、ハビタット株式会社で作成したサンプルを掲載しておきます。おそらく、どのようなことを記入すればよいのかわからなくて、書きづらかったかと思いますので、これを参考にしてみてください。

　ただし、この役割定義における「期待人材像」は、ぜひ真剣にしっかりと、自社のものを考えてほしいと思っています。

　必要となる役割定義は4項目ありますので、一つずつサンプルをあげていきましょう。まずは「**期待する成果は？**」です。

【ハビタット株式会社の役割等級の定義①】

等　級	期待する成果は？
M：管理職層	会社全体および自身の部署の業績 会社全体および自身の部署の人材育成 会社全体および自身の部署の職場環境の向上
L：リーダー層	自身の部署の業績および自身の個人の成績 自身の部署の人材育成 自身の部署の職場環境の向上
S：スタッフ層	自身の個人の成績 自身の部署への貢献
E：専門職層	自身の個人の成績 自身の部署への貢献 会社全体の技術力向上

　こうして文字にすると、そんなことか、と感じられるかもしれません。

　「成果」に関することは、細かく考えれば「この商品の売上（業績）」や「チームの残業時間の削減（職場環境）」なども出てきますが、これらは毎年の運用によって変わってくるので、制度のフレームとしては、前ページの表のように大きな概念で設定します。

　見ていただくとわかるように、上の等級にいくほど、求める成果の範囲は広くなります。

　次に、「**必要なスキルは？**」です。

【ハビタット株式会社の役割等級の定義②】

等　級	必要なスキルは？
M：管理職層	マネジメント力、問題解決力、分析力、経営的思考、組織運営、権限移譲、信頼力、決断・判断力、創造力、柔軟な対応
L：リーダー層	リーダーシップ、指導・教育力、スケジュール管理、トラブル対応、率先垂範、コミュニケーション、仕事の質、仕事のスピード
S：スタッフ層	一般常識、報連相、整理整頓、自社に関する知識、フォロワーシップ、継続力、顧客把握、時間管理、仕事の質、仕事のスピード
E：専門職層	創造力、アイデア・発想力、市場・情勢の知識、指導・教育力、問題解決力、分析力、柔軟な対応、スケジュール管理

　ここでも、「期待する成果」と同様に、「現在のこの組織において、創造力とは何をどのようにすることか」などを決めて設定していきます。

　目に見える行動にすることが、「評価をしない評価制度」の重要なポイントでもあるので、たとえばチェックリストにして、それをクリアする形で運用するといいでしょう。

3つめは、「望ましい振る舞いは？」です。

これについては、企業によっては、上の等級か下の等級かには関係なく、全員に共通する場合も多くあります。

上の等級だからといって、「気配り」をしない姿勢の人もいれば、まだまだスキルは低いけれども、とても模範となる姿勢でいるＳ等級の人もいます。振る舞いや姿勢は、「スキル」と違って、あまり等級の差は出ないものではあります（とはいえ、やはり上の等級の人のほうが身についていることは多いでしょう）。

一応、ハビタット株式会社では、等級ごとに内容を多少変えて設定しています。

【ハビタット株式会社の役割等級の定義③】

等　級	望ましい振る舞いは？
M：管理職層	理念の体現、気配り・思いやり、責任性・信頼性、協調性・チームワーク、自責の精神
L：リーダー層	理念の体現、粘り強さ・折れない心、チャレンジ・向上心、関心・好奇心、自責の精神
S：スタッフ層	理念の体現、規律性・ルール遵守、素直さ・謙虚さ、笑顔・明るさ・元気さ、勤怠
E：専門職層	理念の体現、粘り強さ・折れない心、積極性・前向きさ、気配り・思いやり

ここでは、すべての層に「理念の体現」を入れています。これは、会社理念につながる言動を、ふだんから表に出しているかどうか、ということを全員に期待しているというメッセージになります。

また、これまでの２つの定義と同様に、具体的には、運用する際に、「気配り・思いやり…書類を渡すときは付箋をつけて渡そう」「協調性・チームワーク…自分の仕事が終わったら、まわりに手伝うことがあるか声をかける」などと設定していきます。

📄 「成果」「スキル」「姿勢」の違い

　最後の４つめは、**「裁量と責任」**ですが、その前に確認しておきたいことがあります。いままでみてきた等級の段階別に求められる「成果」と「スキル」と「姿勢」の性質の違いを、ぜひわかっておいてほしいということです。

　今後、運用する際には、評価する代わりに「パフォーマンス・フィードバック」を行なっていくのですが、そのときに何をターゲットにしていくのか、そのときに会社は何をめざすのかによってそれは変わってくるのです。以下の３つの役割が、それぞれ何につながるか、を理解しておく必要があります。

- **「期待する成果」**は、短期的な目標である、その期の会社の業績につながります。
- **「必要なスキル」**は、少し先の中長期的な会社の底力である、今後の会社の成長につながります。
- **「望ましい姿勢」**は、会社の風土の醸成につながります。

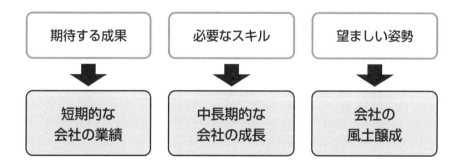

　「期待する成果」は、主に会社の業績や、その期でめざすものがそのまま、等級によって範囲の広さは違えども、個人の成果として期待されます。その役割に求められる成果を出していけば、そのままその期の会社の業績に直結していくわけです。

また「必要なスキル」は、いままでできなかったことができるようになる、など社員の成長につながる項目です。これを社員全員が着実に行なっていくことで、スキルの高い集団、企業の底力となってくるわけです。

　最後に「望ましい姿勢」は、たとえば、「いつも協力してチームワークで仕事をする」ということを、みんなが振る舞うようになると、その会社は、「チームワークがよくて、協力的な職場だ」となります。職場風土が醸成されていくわけです。

　このように、「成果」「スキル」「姿勢」はそれぞれ性質が異なることをよく理解して、どれを優先的にめざしてもらうのか、それを毎年度（その年度の会社の状況、ステージなどによって変わります）、しっかりと検討して決めていくことが重要です。

　今年度は業績優先なのか、人材育成重視なのか、風土をよくしていきたいのか、それを経営側でメッセージとして発信し、実際の運用に取り組んでいく必要があるわけです。

　それでは、最後に「**裁量と責任は？**」の役割定義です。

【ハビタット株式会社の役割等級の定義④】

等　　級	裁量と責任は？
M：管理職層	会社全体および自身の部署における決定・判断事項に関する裁量と責任がある
L：リーダー層	自身の部署に関することおよび自身個人の業務の範囲における決定・判断事項に関する裁量と責任がある
S：スタッフ層	自身個人の業務の範囲における決定・判断事項に関する裁量と責任がある
E：専門職層	自身個人の業務の範囲における決定・判断事項と技術指導・教育に関する裁量と責任がある

　多くの仕事や判断する機会があるなかで、「職務権限規程」のようなものをつくり、それに裁量・責任についても規定することが理想的ではあります。しかし、少ない社員数の中小企業の場合、現実的には、細かい権限等については決められないことが多くなります。また、そのようなものを決めたために実施するスピードが遅くなってしまうようでは、経営においては本末転倒です。

　詳細かつ明確に決めなくてはいけない、あいまいな点はなくさないといけない、となりすぎては、本来やりたいことができなくなってしまう「手段が目的化」に陥ることになります。これは人事制度の世界ではよく起きることなので、気をつけましょう。

　ハビタット株式会社のサンプルのように明文化して、違いがあるところはしっかりと制度として定義しておき、それを基本にしつつも融通をきかせながら運用していく。そして、それを継続し続けて効果を出していく──。

　大事なのは、**取り組んだこと**が**目的**につながることです。それを、ぜひ見失わないようにしてほしいと思います。

◎「M」「L」「S」等級の裁量と責任のイメージ◎

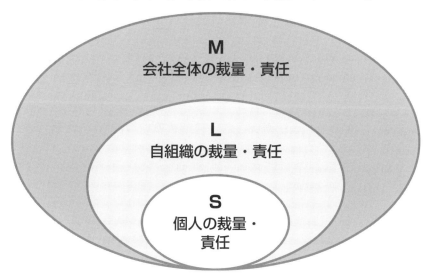

4等級のなかに3区分の定義をつくる

ハビタット株式会社のサンプル例をあげながら、役割定義を決めてきましたが、ステップを分けて毎年のめざす目標をつくりやすくするために、136ページで等級のなかをさらに3つに区分しました。

そこで、大きな「M」「L」「S」＋「E」の4等級の定義だけでなく、それぞれの3区分についても定義していく必要があります。

しかし、一番大事なのは大きな区分による役割の違いなので、「M」「L」「S」＋「E」の違いを明確にしておく意味で、最初に4等級について定義し、その後で3区分を定義していきます。

合計で12段階あるなら、1〜12等級という分け方で定義しても同じではないか、と思われるかもしれませんが、やはり大きな4つの等級に応じた立場の違いから設定するほうが運用しやすいのです。

等　級	区　分
M	1
	2
	3

さらに、定義を3段階で設定する必要がある

大きな4つの等級だけでも定義するのは大変なのに…と思われるかもしれませんが、難しく考えず、ちょっとしたコツで分けていきます。たとえば、区分1・2・3の違いは、**初級（経験を積んでいく段階）**、**中級（一通り期待どおりにできている段階）**、**上級（さらに上位の等級のことができるようになる候補の段階）** のイメージで考えて設定します（次ページ以降の定義例を参照）。

このように3区分について定義するのは、「期待する成果」と「裁量と責任」に関する部分です。「必要なスキル」と「望ましい姿勢」に関しては、3区分のなかで、実際に分けて定義していくようにします。これで一般的な役割定義の形になりました。

◎等級のなかの区分も反映した役割定義＜M等級＞◎

等級	役割定義 （成果と裁量・責任）	役割定義 （スキルと姿勢）
M1	管理職層において**最上位の役割**。会社全体の業績、人材育成、職場環境に関しての成果が求められる。会社全体における決定・判断事項に関する裁量と責任があり、その度合いは**会社のなかで最大**である。**先頭に立って引っ張っていく役割**を持つ。	●経営的思考、組織運営、権限移譲、決断・判断力、柔軟な対応 ●理念の体現、気配り・思いやり、責任性・信頼性
M2	管理職としての**一通りの役割を担うことができる**。会社全体および自部署の業績、人材育成、職場環境に関しての成果が求められる。会社全体と自部署における決定・判断事項に関する裁量と責任があり、その度合いは**会社のなかでM1に次いで大きい**ものである。	●マネジメント力、問題解決力、経営的思考、組織運営、権限移譲、信頼力、決断・判断力 ●理念の体現、気配り・思いやり、協調性・チームワーク
M3	**初級管理職の役割**。会社全体および自部署の業績、人材育成、職場環境に関しての成果が求められる。会社全体と自部署における決定・判断事項に関する裁量と責任がある。**今後の経営幹部を担っていくため、管理職としてのスキルを向上させていく段階**。	●マネジメント力、問題解決力、組織運営、権限移譲、信頼力、決断・判断力、創造力 ●理念の体現、気配り・思いやり、協調性・チームワーク、自責の精神

◎等級のなかの区分も反映した役割定義＜L等級＞◎

等級	役割定義 （成果と裁量・責任）	役割定義 （スキルと姿勢）
L1	リーダー層において**最上位の役割**。**管理職候補**。自身の部署の業績、人材育成、職場環境に関しての成果と貢献が求められる。自身の部署における決定・判断事項に関する裁量と責任があり、その度合いは**リーダー層のなかで最大**で、**管理職層の次位**になる。	●リーダーシップ、指導・教育力、スケジュール管理、トラブル対応、率先垂範 ●理念の体現、粘り強さ・折れない心、自責の精神
L2	リーダーとしての**一通りの役割を担うことができる**。自身の部署と自身の担当における業績、人材育成、職場環境に関しての成果と貢献が求められる。自部署における決定・判断事項に関して、**リーダーとして相応の裁量と責任がある**。	●リーダーシップ、指導・教育力、トラブル対応、率先垂範、仕事の質、仕事のスピード ●理念の体現、チャレンジ・向上心、自責の精神
L3	**初級リーダーの役割**。自身の部署と自身の担当における業績、人材育成、職場環境に関しての成果と貢献が求められる。自部署における決定・判断事項と自身の担当の範囲での裁量と責任がある。**今後の主力リーダーとしてのスキルを向上させていく段階**。	●リーダーシップ、率先垂範、コミュニケーション、仕事の質、仕事のスピード ●理念の体現、チャレンジ・向上心、関心・好奇心

◎等級のなかの区分も反映した役割定義＜Ｓ等級＞◎

等級	役割定義 （成果と裁量・責任）	役割定義 （スキルと姿勢）
Ｓ１	スタッフ層において**最上位の役割**。リーダー候補。自身の担当業務での成果と貢献が求められる。自身の業務の範囲における決定・判断事項に関する裁量と責任があり、その度合いは**スタッフ層のなかで最大**になる。	●フォロワーシップ、継続力、時間管理、仕事の質、仕事のスピード ●理念の体現、規律性・ルール遵守、素直さ・謙虚さ
Ｓ２	スタッフとしての**一通りの役割を担うことができる**。自身の担当業務での成果と貢献が求められる。自身の業務の範囲における決定・判断事項に関して、**スタッフとして相応の裁量と責任がある**。	●報連相、整理整頓、フォロワーシップ、継続力、顧客把握、仕事の質、仕事のスピード ●理念の体現、規律性・ルール遵守、素直さ・謙虚さ、勤怠
Ｓ３	**指示・指導により、一通りの業務遂行を身につける段階**。自身の担当業務での成果と貢献が求められる。自身の業務の範囲における決定・判断事項に関して、**指示以外の通常業務に関しての裁量と責任がある**。	●一般常識、報連相、整理整頓、自社に関する知識、顧客把握、仕事の質、仕事のスピード ●理念の体現、素直さ・謙虚さ、笑顔・明るさ・元気さ、勤怠

◎等級のなかの区分も反映した役割定義＜E等級＞◎

等級	役割定義 （成果と裁量・責任）	役割定義 （スキルと姿勢）
E1	専門職において**最上位の役割**。**自身の技術、知識等によって**の業績に関しての貢献が求められる。自身の業務の範囲における裁量と責任がある。**会社全体における技術面での教育・指導**の役割を担う。	●創造力、指導・教育力、問題解決力、分析力、柔軟な対応、スケジュール管理 ●理念の体現、粘り強さ・折れない心、気配り・思いやり
E2	専門職として**一通りの役割を担うことができる**。技術、知識等によっての業績に関しての貢献が求められる。自身の業務の範囲における裁量と責任がある。**自身のまわりにおける技術面での教育・指導**の役割を担う。	●創造力、アイデア・発想力、市場・情勢の知識、指導・教育力 ●理念の体現、粘り強さ・折れない心、積極性・前向きさ
E3	**初級専門職の役割**。自身の技術、知識等によっての業績、職場環境に関しての貢献が求められる。自身の業務の範囲における裁量と責任がある。**今後の主力専門職としてのスキルを向上させていく段階**。	●アイデア・発想力、市場・情勢の知識、指導・教育力、分析力、柔軟な対応 ●理念の体現、積極性・前向きさ、気配り・思いやり

職種別の定義は必要ないか

大きな3＋1の等級のなかの3区分についても定義しました。

会社には職種もいくつかありますが、この職種の違いについても詳細に役割定義を行なっていくほうがよいでしょうか。

職種が違えば、やはり役割はまったく同じではなく、求めるものも変わるはずだということで、職種ごとの役割を定義することもあり得ます。実際、弊社でも、かなりのボリュームで時間をかけて検討、作成したことも何度かあります。

しかし、結果として職種の詳細についてはあまり活用されず、職種の役割定義が反映されるのは、「必要なスキル」項目の定義の部分ぐらいになってしまいます。

これから継続して使って運用していくことを考えると、職種ごとに定義を設定しなくても、まずは大きな等級とそのなかの区分についての役割定義を設定していれば十分と考えます。

職種の役割の違いについては、その「必要なスキル」項目で、さらには、ちょっとした工夫で、定義の明文化自体をシンプルにすることができます。

たとえば、「技術力」「知識」「仕事の質」「仕事のスピード」というような定義を設定し、その頭に「**担当する職種、業務の**」とつければ、汎用的に活用できます。

つまり、「**担当する職種、業務の技術力**」「**担当する職種、業務の仕事の質**」といった形です。

そして、運用する際に、実際の仕事に応じたものに置き換えて使っていくとよいでしょう。

たとえば、以下のようにつくります。

● 「店舗販売においての遊び方のデモとプレゼンテーション」
（担当する業務の技術力）

● 「給与計算における年間の単独実施と、ミスの少ない正確な処理」
　（担当する業務の仕事の質）

　ちょっと安易なやり方では、と思われるかもしれませんが、実際に項目を設定するときは、この融通のきくやり方がとても重要なのです。
　世の中の進むスピードは速く、現代において具体的な業務の技術や仕事の内容を役割定義表などに記載しても、１年後には使えない技術になっていたり、時代に応じた新しい仕事が発生したりするということも十分にあり得ます。
　また外部要因からみても、対面でのスキルが必要なくなったり、オンラインを通してのレクチャーができないといけない、というように劇的に環境が変わることもあります。現実に、いまは数か月、数日単位で切り替わることがあり得るのです。

　つまり、「評価をしない評価制度」を運用する際に行なう「パフォーマンス・フィードバック」と同じように、具体的な中身は臨機応変に活用することが大切になります。
　いま、この時点でパフォーマンスを発揮してほしいことは何か。それを追いかけることによって、この変化が激しく速い流れの時代のなかで、企業としての成果につなげていく必要があるのです。
　基本的には、役割は縦の等級による違いで設定し、職種による違いのメインは「スキル面」ということで、その部分を変えることによって運用していく、という方針で行なっていきます。
　このように、役割定義をシンプルに作成していますが、わかりやすくシンプルにしておくことが大事です。そのうえで、しっかり区別をつくって、人材育成につなげられるかどうかのカギにもなってくるのです。

①－5：職種と段階・区分を組み合わせる

①－1、①－2、①－3で設定してきた職種、大きな3＋1等級、そしてそのなかの3区分を表にまとめると次のようになります。

等級	区分	企画開発	営業	販売	バックオフィス
M	1				
	2				
	3				
L	1				
	2				
	3				
S	1				
	2				
	3				

E	1				
	2				
	3				

　この表の空欄の枠の数だけ「役割」を設定することになります。4×3×4で、合計48個にもなるでしょう。しかし実際には、必要のない「枠」もあり、横は共通の役割になっています。

　たとえば「M1」は、全社横断の管理者になるため、職種ごとの枠は必要ないため、一つの枠になります。また、「E」の専門職層は、基本的に企画開発や設計業務に携わる人のみが対象となり、その他

の職種には適用しないということで、その分の枠は必要ない、といったことです。そうすると、前ページの表は次のようになります。

等級	区分	企画開発	営業	販売	バックオフィス
M	1	M1			
M	2	企M2	営M2	販M2	OM2
M	3	企M3	営M3	販M3	OM3
L	1	企L1	営L1	販L1	OL1
L	2	企L2	営L2	販L2	OL2
L	3	企L3	営L3	販L3	OL3
S	1	企S1	営S1	販S1	OS1
S	2	企S2	営S2	販S2	OS2
S	3	企S3	営S3	販S3	OS3

等級	区分	企画開発
E	1	企E1
E	2	企E2
E	3	企E3

　これで完了です。「ハビタット株式会社の役割等級表」が完成しました。横の定義は同じでも、給与設定などが異なるため、この数になります。
　この後、いまの社員が実際にどの役割を担っているのか、それぞれの等級に振り分けるということをしていきます。
　さらにその後、給与設定をする際に、実際の役割と給与は適正なのか、いままでの経緯も検証し、ズレてしまっていないか、などについても検討することになります。

①－6：同一労働・同一賃金に対応

　2021年4月1日より、中小企業も「同一労働・同一賃金」の対象になります（大企業は2020年4月1日から適用済み）。

　「役割等級制度」は、これに対応することができます。現状では、「同一労働・同一賃金」は、完全に「正社員」と「非正規社員」の待遇格差に関する規定です（正社員同士で同じ仕事をしているのに格差があることはあまり問われていません）。

　2018年、2020年には注目すべき裁判があり、契約社員やパートタイマー社員の手当などに関して、正社員と差があることは不合理だとして、支払い命令が出たりしています。賞与や退職金についても、明確な制度があり、合理的な理由があって初めて、非正規社員に支払わないことが認められるという形になっています。

　下図は、厚生労働省のリーフレットで、2020年2月に発行されたものです。「事業主に求められることは？」のところで、丸で囲んであるところがポイントです。

「同一労働同一賃金」への対応に向けて

大企業：2020年4月1日〜　　中小企業：2021年4月1日〜
正社員と非正規雇用労働者（短時間労働者・有期雇用労働者）の間の不合理な待遇差の解消（いわゆる「同一労働同一賃金」）が求められます。

事業主に求められることは？

①同じ企業で働く正社員と短時間労働者・有期雇用労働者との間で、基本給や賞与、手当、福利厚生などあらゆる待遇について、不合理な差を設けることが禁止されます。

②事業主は、短時間労働者・有期雇用労働者から、正社員との待遇の違いやその理由などについて説明を求められた場合は、説明をしなければなりません。

自社の状況が法の内容に沿ったものか、社内の制度の点検を行いましょう！

「不合理」ではダメ　　　説明できることが必要

さらに、同じリーフレットでは、対応のフローについて丁寧に記載されています。

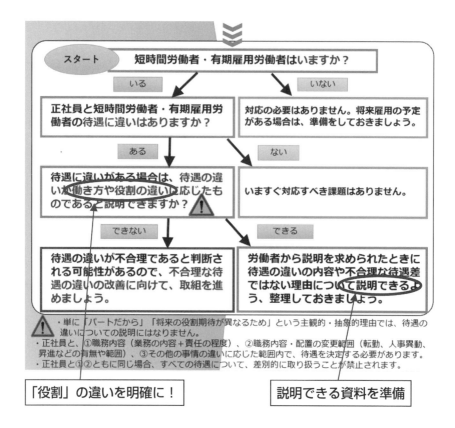

上図にあるように、「働き方」や「役割」に違いがあり、その違いが不合理でない範囲であれば、差があることがすぐにNGになるわけではなく、その差の違いをしっかりと説明できるようにしておけばよいのです。

　まさしく「役割」の違いを明確にしているのが、本書で作成している「役割等級制度」なので、いわゆる「非正規社員」の役割等級も設定し、社員全員に共通で適用する「人事制度」の資料として説明できるようにすることができます。

　サンプル企業のハビタット株式会社では、次のような非正規社員

の「役割等級」と「役割定義」を設定しました。

等　級	裁量と責任は？
C：契約社員	期間の定めのある社員で、求められる成果を一部限定される役割。裁量・責任の範囲は自身の業務の範囲内にとどまる。 原則として、配置転換・異動はない。 正社員転換制度が適用される。
A：嘱託社員	定年退職後の再雇用者で、期間の定めのある社員。求められる成果を一部限定される役割で、担当する業務の指導、教育の役割が加わる。 裁量・責任の範囲は自身の業務の範囲内にとどまる。 原則として、配置転換・異動はない。
P：パートタイマー・アルバイト社員	期間の定めのある社員で、労働日数・労働時間が正社員に比べて短く、主に時間単位の給与とされる。 裁量・責任の範囲は自身の業務の範囲内にとどまる。 原則として、配置転換・異動はない。 正社員転換制度が適用される。

　ちなみに、契約社員の「C」は「Contractor（契約）」、嘱託社員の「A」は「Alder（年齢）」、パートタイマー等の「P」は「Part Time」の略です。重要な点は、「**求められる成果**」「**裁量・責任**」「**配置転換・異動**」という3つの内容が正社員に比べて異なっているかどうか、というところです。

　また、裁判例を見る限り、「**正社員転換制度**」などを設置し、正社員に移行できる道を規定しておくことも重要です。

　「成果」「裁量・責任」については、役割等級制度で定義してきました。ここは正社員と差がつきます。そして、残りの「スキル」「姿勢」については、正社員と同じものを求めることになるので、あえ

て非正規社員の役割としては触れていません。「スキル」と「姿勢」は正社員と同様であることのほうが自然です。

　この非正規社員用の役割等級を、先ほど作成した正社員用の段階のある等級と組み合わせる形で、使用していきます。

等　級
C：契約社員
A：嘱託社員
P：パートタイマー・アルバイト社員

×

等　級	区　分	各職種
M	1	M1
	2	M2
	3	M3
L	1	L1
	2	L2
	3	L3
S	1	S1
	2	S2
	3	S3

等　級	区　分	各職種
E	1	E1
	2	E2
	3	E3

　たとえば、いままで営業職のL1（営L1等級）にいたNさんが定年になったら「営AL1等級」となり、A（嘱託社員）の役割定義の部分に置き換えられることになります。

　それによって「成果」「裁量・責任」「配置転換の有無」が変わるため、その分の待遇の差があるというように、明確に説明ができるようになります。それが合理的な範囲（あまりにも差がある、関係のない手当で差があるなどだとNG）の差であれば、「同一労働・同一賃金」に対応できていることになります。

　また、上記の表にはすべての正社員用の等級が記載されていますが、実際には「非正規社員」には出てこない等級もあることでしょう（MやEの等級など）。いずれにしても、このように役割等級制度は、同一労働・同一賃金に「役割の違い」を設定することで、対応しやすい等級制度であるといえるのです。

5-4 範囲給制度の作成

「範囲給」とはどのようなものか

　5-3の「役割等級制度」の作成の説明が長くなってしまいましたが、「評価をしない評価制度」であっても、その社員がどの役割の等級にいるかは、自己成長により何をめざしていくのか、これからの自身の給与がどうなるのかという点で重要なので、しっかりと構築していきましょう。また、人事評価制度のなかでも、全体のフレームとなる部分です。

　さて、ここからはできあがったフレームに合わせて、賃金を決めていく工程に入ります。

　弊社で関与しているなかで、一番導入が多く、特に中小企業におススメなのは「範囲給制度」（レンジレート）です。なぜかというと、いい意味で「かっちり」とは決まっていなくて、融通のきく制度だからです。

　範囲給は、その名のとおり給与に「範囲」があります。具体的には、等級ごとにその給与額の上限と下限が決まっている制度です。

　たとえば、「S3」の人は上限19万円〜下限16万円の間の「範囲」のなかの金額となり、「S2」の人は22万円〜19万円の「範囲」のなかのどこかの金額となります。上限と下限は固定されており、その等級にいる場合は必ずその範囲のなかの給与が約束されます。しかし、その範囲のなかでいくらになるかは約束されていません。

　「評価をする」一般的な評価制度であれば、評価結果でその範囲のなかの金額を決定することになるでしょう。

　では、「評価をしない評価制度」では、どのように決めるのか。これは、前述した「等級」×「業績」によって決めるという方式をおススメしています。6章の運用編でも詳しく説明します。

159

ここでは、まずは賃金制度の構築について解説します。まず、範囲給のイメージは次のようなものになります。

等　級	区　分	月額給与		
M	1	上限：　なし 下限：　600,000円		
	2	上限：　650,000円 下限：　550,000円		
	3	上限：　600,000円 下限：　500,000円		
L	1	上限：　380,000円 下限：　330,000円		
	2	上限：　340,000円 下限：　290,000円		
	3	上限：　300,000円 下限：　250,000円		
S	1	上限：　240,000円 下限：　210,000円		
	2	上限：　220,000円 下限：　190,000円		
	3	上限：　200,000円 下限：　170,000円		

（M区分2・3の右側に「ここが範囲になっている」との注記）

　範囲給制度のメリットは、その範囲のなかで給与を変動させやすい、という点です。ある役割の等級であれば、必ずその役割に応じた範囲内での給与を約束します。ただし、その範囲のなかのいくらになるかは、会社や組織の成績（人件費に回せる総額にもよる）によって変えることが可能な制度です。

　中小企業は、大手企業ほど毎年の利益は安定していません。そのなかでかっちりと決めた給与表を用いるよりも、業績に合わせて柔軟に変動できる制度を導入することが求められます。

　結果として、この範囲給制度のほうが、昇給をストップしたり、形骸化させたりせずに、継続して運用きるようになるのです。

②-1：範囲給の「型」を決定する

　範囲給制度では、まず給与の幅に設定する上限・下限をどのような「型」で設計するかを検討します。この「型」には、**「重複型」**（ちょうふくがた）、**「接続型」**（せつぞくがた）、**「開差型」**（かいさがた）の3つのパターンがあります。

◎重複型のしくみ◎

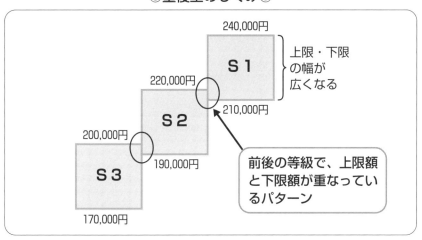

◎接続型のしくみ◎

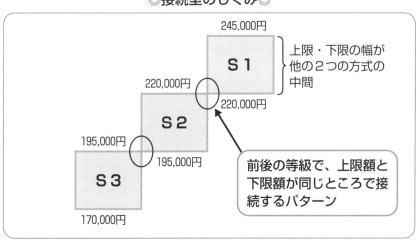

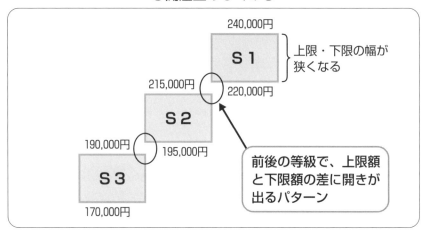

◎開差型のしくみ◎

240,000円

S1

上限・下限の幅が
狭くなる

215,000円

220,000円

S2

190,000円

195,000円

前後の等級で、上限額
と下限額の差に開きが
出るパターン

S3

170,000円

　「**重複型**」は、下の等級（たとえばS３）で上のほうにいる人の
給与が、上の等級（たとえばS２）で下のほうにいる人の給与より
も高くなることがあり、これをＯＫとする制度です。そのため、等
級の上限と下限の範囲が大きくなります。

　範囲給制度は、上の等級に上がらないと給与は上限で止まってし
まうので、年功型にはなりません。勤続が長いだけで上の役割が担
えないという人の給与の上昇を抑えることができます。

　この点が範囲給制度のメリットですが、そうはいっても、勤続が
長い人にはそこそこ昇給をさせていあげたい、という場合には、上
限が少し上に設定されているため、使いやすいパターンです。

　「**接続型**」は、重複型と次の階差型の中間的なパターンです。下
の等級から上の等級に上がるところには段差がないので、そのまま
スムーズに移行するイメージです。また、下の等級の上限は、上の
等級の下限を上回ることがないので、いわゆる逆転現象は起きませ
ん。

　「**開差型**」は、まさしく等級間の差が開いているパターンです。

下の等級の上限と上の等級の下限は、間が離れて開いています。

　したがって、上の等級に上がった場合には、給与の上昇額がより大きくなります。上の等級に魅力を感じてもらい、上の役割ができるように成長を促すことを強調している型です。

　また、等級間に開きがあるため、一つの等級のなかの上限と下限の幅は狭くなります。この場合、現在の賃金制度から移行する際に、いままでの経緯から、実際の役割の等級と実際の給与がズレている人が多い場合など、この狭い等級の幅に収まらないことが多く出てきます。そのため、調整給などが発生するケースが多くなる傾向にあります。

　以上の理屈はわかったけれど、実際にどの「型」を選択すればよいのかわからない…となるかもしれません。

　サンプル企業のハビタット株式会社が採用し、弊社でも一番おススメしているのは、次のパターンです。

３つの大きな等級内では「重複型」、等級間は「開差型」

　基本的には、「M」「L」「S」の等級の役割には大きな違いがあるため、それに応じて給与も大きく変えていきます。

　そのため「S」→「L」→「M」の間は「開差型」にします。

　特に「L」→「M」となると管理監督者となり、いわゆる「残業代」がつかなくなる場合もあるため、等級間に差をつけておく必要があります。

　一方、等級内の３区分に関しては、ステップを細かくするという目的があるわけですが、実際には、成果の範囲や裁量・責任の範囲は変わるものの、「M」「L」「S」の等級間ほどは大きく変わりません。ですから、それを反映させる意味もあり、たとえば「S３」と「S２」の間、「S２」と「S１」の間は、重なりのある「重複型」を採用します。

📄 ②－2：職種ごとの基本給部分を設定する

　次に、上限・下限のある範囲給を、役割等級の表に当てはめていきます。どのように金額を決めるのか、難しいように感じるかもしれませんが、実は意外と手間のかからない工程です。

　人事担当部署などでたたき台をつくって調整をしていくわけですが、いま在籍する社員の給与をベースにして、職種や地域の世間相場なども参考にしながら仮設定をして、範囲給の額を検討していくと、案外すんなり決まることが多いです。

　まずは、以下のような材料を手に入れて、次ページのような範囲給表をつくっていきましょう。

● 現在の社員の給与データ
● 職種ごとの賃金水準データ
● 地域ごとの賃金水準データ
　＜参考資料＞
　・「賃金構造基本統計調査」（厚生労働省）
　・「民間給与実態統計調査」（国税庁）
　・「中小企業の賃金・退職金事情」（東京都）
　・「職種別／求人賃金・求職者希望賃金情報」（ハローワーク）

　なお、参考になる情報は、インターネットから無料でたくさん手に入れることができます。

　実は、賃金の水準は「衛生要因」といわれています。まわりより上回っていても、あまり満足度は上がらず、逆に下回っている場合は、一気に大きな不満要因になるといわれています。

　世間相場や水準を意識して給与を設定することは、定着においても、また採用するためにも重要です。

　ぜひ、上記のような材料や参考データなどとにらめっこしながら適正に決めていきましょう。

◎ハビタット株式会社の「範囲給表」◎

（単位：円）

等級	区分	企画開発	営業	販売	バックオフィス
M	1	上限：なし 下限：500,000			
M	2	上限：550,000 下限：470,000	上限：540,000 下限：460,000	上限：520,000 下限：440,000	上限：520,000 下限：440,000
M	3	上限：500,000 下限：420,000	上限：490,000 下限：410,000	上限：470,000 下限：390,000	上限：470,000 下限：390,000
L	1	上限：370,000 下限：330,000	上限：360,000 下限：320,000	上限：340,000 下限：300,000	上限：340,000 下限：300,000
L	2	上限：340,000 下限：300,000	上限：330,000 下限：290,000	上限：310,000 下限：270,000	上限：310,000 下限：270,000
L	3	上限：310,000 下限：270,000	上限：300,000 下限：260,000	上限：280,000 下限：240,000	上限：280,000 下限：240,000
S	1	上限：250,000 下限：220,000	上限：240,000 下限：210,000	上限：230,000 下限：200,000	上限：230,000 下限：200,000
S	2	上限：230,000 下限：200,000	上限：220,000 下限：190,000	上限：210,000 下限：180,000	上限：210,000 下限：180,000
S	3	上限：210,000 下限：180,000	上限：200,000 下限：170,000	上限：190,000 下限：160,000	上限：190,000 下限：160,000

E	1	上限：350,000 下限：320,000
E	2	上限：330,000 下限：290,000
E	3	上限：300,000 下限：260,000

📄 ②－3：基本給部分の構成を決定する

さて、前ページの表にもとづいた給与をそのまま「基本給」としてもよいのですが、この「基本給」を、「**基礎給**」と「**職種給**」と分けて設定する場合があります。

具体的には、下図のようなイメージです。

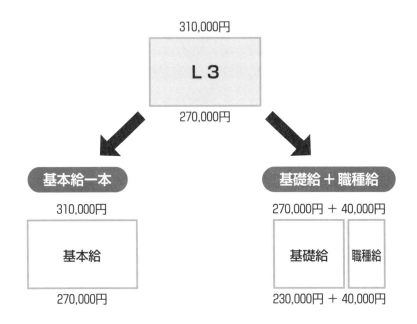

なぜ上図のように、わざわざ複雑化するようなことをするのでしょうか。これには、2つの理由があります。

理由の一つめは、中小企業という組織のなかでは、職種によって給与が変わるということに社員の抵抗が少なからず存在するということです。

それを解消するためには、「基礎の給与」（基礎給）は職種にかかわらず、同じ設定にします。ただし、職種によって求人する際の賃金相場などは異なるので、それに対応するために「職種給」で調整するのです。

本来の役割等級に応じた給与は、職種ごとに違ってしかるべきなのですが、なかなかまだそこまで進められないケースも実態として多くあります。そこで、基本給については、次のように分けて考えたほうがよいのです。

「そ の 人」＝「基礎給」
「その仕事」＝「職種給」

　基礎給は、いわゆる「職能給」に近い形になります。

　もう一つの理由は、なんといっても配置転換、異動のしやすさです。

　たとえば、ハビタット株式会社の企画開発部にＦさん（Ｌ３等級）がいたとします。165ページの範囲給表による給与は31万円でした。

　しかし、適性などの理由から営業職へ異動命令をしたとします。営業職のＬ３等級の給与の上限は30万円です。

　つまり、異動に伴って、等級は同じなのに基本給が下がることになります。しかし、基本給を下げるというのはなかなか難しいでしょう。「降格」というイメージも出てしまいます。

　これを「基礎給」＋「職種給」という構成にしておけば、基礎給はたとえば27万円で同じにしておき、職種が変わったから職種給だけ変更する、ということが可能になるのです。

　この２つのメリットがあるために、多少複雑にはなりますが、「基礎給」＋「職種給」という設計にすることをおススメします（もちろん、わかりやすさを優先して基本給一本にすることもありですが）。

　また、求人するときの職種ごとの給与相場は、世の中の状況に応じてけっこう変動します。その際に、基礎給と職種給に分けていれば、職種給だけを適宜変更するという対応がしやすくなりますね。これもメリットといえるでしょう。

◎ハビタット株式会社の範囲給表（「基礎給」＋「職種給」）◎

（単位：円）

等級	区分	基礎給	企画開発	営業	販売	バックオフィス
M	1	上限：なし　下限：500,000				
M	2	上限：510,000　下限：430,000	40,000	30,000	10,000	10,000
M	3	上限：460,000　下限：380,000	40,000	30,000	10,000	10,000
L	1	上限：330,000　下限：290,000	40,000	30,000	10,000	10,000
L	2	上限：300,000　下限：260,000	40,000	30,000	10,000	10,000
L	3	上限：270,000　下限：230,000	40,000	30,000	10,000	10,000
S	1	上限：210,000　下限：180,000	40,000	30,000	20,000	20,000
S	2	上限：190,000　下限：160,000	40,000	30,000	20,000	20,000
S	3	上限：170,000　下限：140,000	40,000	30,000	20,000	20,000
E	1	上限：310,000　下限：280,000	40,000			
E	2	上限：290,000　下限：250,000	40,000			
E	3	上限：260,000　下限：220,000	40,000			

📄 ②−4：各種手当を設定する

基本給部分がきまったら、次は手当の種類と額を決めましょう。

手当といっても、本当にたくさんの種類があります。しかし、これからもし手当を見直すのであれば、やはりここでも「**同一労働・同一賃金**」を意識しておく必要があります。

同じ仕事をしている場合であっても、「成果」や「裁量・責任」、「配置転換の有無」などの「役割」や「働き方」の違いによる合理的な差は、ある程度は認められます。

しかし「手当」となると、これらの理由は合理的といえなくなります。たとえば、通勤にかかる費用の「通勤手当」、家族を扶養する負担に対する「家族手当」、外回りの営業にかかる費用を負担する「営業手当」などは、「成果」や「裁量・責任」「配置転換の有無」とは関係のない要素で決まっているものです。

したがって、正社員には手当をつけて、非正規社員には「なし」とするのは難しくなるでしょう。正社員の手当の見直しも含めて、再設計する必要があるかどうか、検討をしてほしいと思います。

サンプル企業のハビタット株式会社では、上記の対応も考慮し、手当は基本的に下表の3つだけとし、役職手当以外は「非正規社員」も同額としました（時間按分はあります）。

役職手当	部　　長	30,000円
	課　　長	10,000円
	主　　任	5,000円

家族手当	配偶者	5,000円
	子ども1人につき	10,000円
	（※）対象となるのは健康保険上の被扶養者とする。	

通勤手当	公共交通機関	1か月の定期代
	マイカー・バイク	ガソリン代（別表）
	自転車	500円／月

📄 等級と役職は別にしよう

「部長の役職手当は、Ｍ２等級になったら必ずつけるのですか？」というような質問をいただくことがあります。「等級」＝「役職」というイメージがある場合です。

たしかに、等級と役職を連動させるやり方もありますが、ここで紹介している賃金制度では、連動させない形で設定しています。

また、役割等級に応じて基本的な給与を設定しているので、加算することによって金額にブレが生じることを避ける意味からも、「役職手当」はあまり高く設定しないで、低く設定することをおススメします。

「役職」は、「組織構成上の都合」で設定されることが多いと思います。どんなに優秀な人がいても、その部にすでに部長が１人いたら、同じ組織でもう１人を部長にすることはあまりしません。

つまり、等級と役職を連動させていると、その人は上の等級には上がれなくなってしまいます。「上の等級にはすでにたくさんいるから、自分は上がれない」など、たまに聞かれる話です。連動させなければ、たとえば等級が「Ｍ３」から「Ｍ２」に上がっても、給与は等級相応に上げるとして、役職手当はつけないことができます。

また、逆のケースもあります。

たとえば、急に部長が退職してしまった。しかし、現在その部署には「Ｍ」等級の人間はいない。この場合、「Ｌ１」のＨさんを部長にするとしたら、もし連動している場合には等級も上げることになります。組織構成上の都合で等級が上がることになるわけです。

これは、ちょっと問題あり、でしょう。あくまでも等級は「Ｌ１」のままなら、給与も「Ｌ１」に対応したままです。しかし、肩書上の役割が付加されるので、その分は「役職手当」をつける、という対応をしていくわけです。

給与設定のメインはあくまでも「範囲給」として、他のところを重くしないほうが、制度としては運用しやすくなります。

②－5：賞与を設定する

　賞与の設定についても考えてみましょう。

　実際には、賞与は毎月の給与とは違い、支給相場も払い方も決め方も、企業によってかなりバラつきがあります。

　基本給の〇か月分、としている企業もあれば、中小企業のなかには、直前まで出るか出ないかわからない、というケースもあったりします。現在決めている賞与の支給方法があり、それで問題なければそのままでもよいでしょう。

　ただし、もしすでに評価制度を導入していて、その評価結果を賞与に反映させているということであれば、「評価をしない評価制度」に変更する場合は、評価しなくなった場合の賞与の決め方を検討しなければなりません。

　この場合の、おススメの決め方を紹介します。考え方としては非常にシンプルで、給与を決める際の「等級」×「業績」と同じような考え方で、次のように算出するとよいでしょう。

賞与＝「基本給（基礎給＋職種給）」×業績

　「評価をしない評価制度」では、評価を行なわないので、指標となる点数は出てきません。人による賞与額の違いは、基本給の違い、という点だけになります。

　しかし、そもそも基本給は、より上の役割にいて会社に貢献しているという結果から決まってくるものなので、職種による違いも、この基本給（基礎給＋職種給）に反映されています。

　そして、賞与はやはり業績次第で決まるのだ、ということで、しっかりと会社の業績を上げていく、という認識を浸透させていく必要があります。それを体現しているのがこの算出方法です。シンプルで計算もしやすく、また原資を上回らないという大きなメリットがあります。

「ポイント制賞与」とは

　賞与を算出する際の計算のしかたについては、「**ポイント制賞与**」を採用します。

　計算する手順は、次のようになります。

①**基本給 ÷ 10,000 = 本人ポイントを算出する**

②**全員の本人ポイントを合計する**

③**賞与原資額を全員の合計ポイントで割り、単価を決定**

④**各自のポイントに戻して、支給額を決定**

　非常にシンプルな手順なのですが、文章で示すとわかりづらいかもしれませんので、以下の計算例で確認してみましょう。

【例：Aさんの基本給30万円の場合の賞与額は？】

①30万円 ÷ 10,000 = 30ポイント

②全員（20名とします）の本人ポイントを合計 = 540ポイント

③今回の賞与原資額700万円 ÷ 540 = 12,963円

④Aさん30ポイント × 12,963円 ≒ **389,000円**（百円単位切上げ）

　「評価」指標を使わないで、業績のみを使ったシンプルな計算方法です。

②−6：非正規社員の給与を設定する

　ハビタット株式会社では、作成した玩具を直営店で販売することも行なっています。そのため、直接雇用のパートタイマー職員が多くいます。また、定年退職後の月給制の嘱託社員もいます。

　このような雇用形態の社員の賃金も制度として作成する必要があるのですが、役割等級制度と範囲給制度を導入すると、これもとても設定しやすくなります。

等　級
C：契約社員
A：嘱託社員
P：パートタイマー・　　アルバイト社員

×

等　級	区　分	各職種
M	1	M1
	2	M2
	3	M3
L	1	L1
	2	L2
	3	L3
S	1	S1
	2	S2
	3	S3

等　級	区　分	各職種
E	1	E1
	2	E2
	3	E3

　正規社員の等級設定ができているので、非正規社員については、それぞれの給与に掛けるパーセンテージを合理的な範囲で設定します。次ページに正社員の表と非正規社員の計算の調整割合を示しました。この表で計算することは可能ですが、どうしても正社員と比較して気にする非正規社員もいるかもしれません。多少手間にはなりますが、調整割合を掛けた計算後の「契約社員」「パートタイマー社員」用の表をつくって提示していく必要もあるでしょう。

　非正規社員の給与は、役割定義に従って減額しているので、実際の業務も役割定義どおりに、「成果」「裁量・責任」は制限し、配置転換や職種変更なども行なわないようにしていく必要があります。

<h2>◎正規社員の給与表◎</h2>

等級	区分	基礎給	企画開発	営業	販売	バックオフィス
L	1	上限：330,000 下限：290,000	40,000	30,000	10,000	10,000
L	2	上限：300,000 下限：260,000	40,000	30,000	10,000	10,000
L	3	上限：270,000 下限：230,000	40,000	30,000	10,000	10,000
S	1	上限：210,000 下限：180,000	40,000	30,000	20,000	20,000
S	2	上限：190,000 下限：160,000	40,000	30,000	20,000	20,000
S	3	上限：170,000 下限：140,000	40,000	30,000	20,000	20,000

等級	区分	基礎給	
E	1	上限：310,000 下限：280,000	40,000
E	2	上限：290,000 下限：250,000	40,000
E	3	上限：260,000 下限：220,000	40,000

上記正社員の範囲給表から、下表のとおりの計算とする。
ただし最低賃金は下回らない。

<h2>◎正規社員以外の割合◎</h2>

等　級	給　与　等
C：契約社員	組み合わされる基礎給の80% 賞与：60% 職種給および手当：全額
A：嘱託社員	組み合わされる基礎給の80% 賞与：60% 職種給および手当：全額
P：パートタイマー・アルバイト社員	組み合わされる基礎給の時給換算分の90% 賞与：50%（算定期間の平均ベース） 職種給および手当：全額（時間按分あり）

5-5 評価制度の設計

📄 パフォーマンス・フィードバックシートに落とし込む

5章の最後は「評価制度」の設計です。もっとも、「評価はしない」ので、「評価制度」は存在しません。

ただし実際には、会社目標や組織目標をつくっていきますし、それぞれの社員には「求める成果」「必要なスキル」「望ましい姿勢」などを定義づけて役割として示します。「評価」はしませんが、これらをめざして、日々取り組んでいくのです。

その際に行なうのが、これまで何度か説明してきた「**パフォーマンス・フィードバック**」です。

どのように設定して、どのように使うのかについては、次の6章で、1年の流れのなかの手順として説明します。

ここでは、何をするのかの全体像をあげておきましょう。

◎パフォーマンス・フィードバックの全体像◎

会社の目標 組織の目標	等級に必要とされるスキル	等級に望ましいとされる姿勢

これらをパフォーマンス・フィードバックシートに落とし込んで、日々記録していく

パフォーマンス・フィードバックは、次の２種類で構成されています。

①日々記録をしていく「**パフォーマンス・レコーディングシート**」（**Ｐ・Ｒシート**）

②記録を週単位のグラフで提示する「**グラフィック・フィードバックシート**」（**Ｇ・Ｆシート**）

第15期	ハビタット株式会社　パフォーマンス・レコーディング【P・Rシート】	4月	必要なスキル	望ましい姿勢	部署		本人氏名
会社目標	営業利益　1.5億円　　残業時間の前年比20%削減		リーダーシップ、指導・教育力、トラブル対応、スケジュール管理、率先垂範、仕事の質、仕事のスピード	理念の体現、チームワーク、チャレンジ・向上心、自責の精神	営業部		榎本あつし
					職種	等級	上長氏名
組織目標	新サービスでの売上　1億円　　残業時間の前年比35%削減				営業	L2	根亜　瑠子

#	パフォーマンス項目	種類	単位	週の目標	月 3/29	火 3/30	水 3/31	木 4/1	金 4/2	土 4/3	日 4/4	合計or平均	今週の結果	自己ベスト
1	高付加価値の新サービス開発への取り組み時間	成果	時間	週10時間	2	0	1	0	5			合計	8	20時間
2	スケジュール管理：一日のスケジュールが時間通りにできている	スキル	%	90%	80	95	50	80	80			平均	77	95%
3	チームワーク：必ず誰かに手伝うかどうかを声掛けする	姿勢	回数	週14回	2	0	2	3	5			合計	12	15回
#	パフォーマンス項目	種類	単位	週の目標	月 4/5	火 4/6	水 4/7	木 4/8	金 4/9	土 4/10	日 4/11	合計or平均	今週の結果	自己ベスト
1	高付加価値の新サービス開発への取り組み時間	成果	時間	週10時間	2	2	2	1	1			合計	8	20時間
2	スケジュール管理：一日のスケジュールが時間通りにできている	スキル	%	90%	70	90	30	70	80			平均	68	95%
3	チームワーク：必ず誰かに手伝うかどうかを声掛けする	姿勢	回数	週14回	1	1	2	4	1			合計	9	15回
#	パフォーマンス項目	種類	単位	週の目標	月 4/12	火 4/13	水 4/14	木 4/15	金 4/16	土 4/17	日 4/18	合計or平均	今週の結果	自己ベスト
1	高付加価値の新サービス開発への取り組み時間	成果	時間	週15時間	4	1	7.5	0	0			合計	12.5	20時間
2	スケジュール管理：一日のスケジュールが時間通りにできている	スキル	%	90%	80	80	40	80	90			平均	74	95%
3	チームワーク：必ず誰かに手伝うかどうかを声掛けする	姿勢	回数	週20回	3	2	2	4	3			合計	14	15回
#	パフォーマンス項目	種類	単位	週の目標	月 4/19	火 4/20	水 4/21	木 4/22	金 4/23	土 4/24	日 4/25	合計or平均	今週の結果	自己ベスト
1	高付加価値の新サービス開発への取り組み時間	成果	時間	週15時間	0	0	0	4	4			合計	8	20時間
2	スケジュール管理：一日のスケジュールが時間通りにできている	スキル	%	90%	100	80	80	40	75			平均	75	95%
3	チームワーク：必ず誰かに手伝うかどうかを声掛けする	姿勢	回数	週20回	4	2	3	3	3			合計	15	18回
#	パフォーマンス項目	種類	単位	週の目標	月 4/26	火 4/27	水 4/28	木 4/29	金 4/30	土 4/31	日 5/1	合計or平均	今週の結果	自己ベスト
1	高付加価値の新サービス開発への取り組み時間	成果	時間	週15時間	2	2	3	4	5			合計	16	20時間
2	スケジュール管理：一日のスケジュールが時間通りにできている	スキル	%	90%	95	90	95	80	70			平均	86	95%
3	チームワーク：必ず誰かに手伝うかどうかを声掛けする	姿勢	回数	週20回	7	2	2	3	5			合計	19	15回

第15期	ハビタット株式会社　グラフィック・フィードバック【G・Fシート】	4月	必要なスキル	望ましい姿勢	部署		本人氏名
会社目標	営業利益　1.5億円　　残業時間の前年比20%削減		リーダーシップ、指導・教育力、トラブル対応、スケジュール管理、率先垂範、仕事の質、仕事のスピード	理念の体現、チームワーク、チャレンジ・向上心、自責の精神	営業部		榎本あつし
					職種	等級	上長氏名
組織目標	新サービスでの売上　1億円　　残業時間の前年比35%削減				営業	L2	根亜　瑠子

#	パフォーマンス項目	種類	単位	週目標値（最大の週）	第1週	第2週	第3週	第4週	第5週	合計or平均	今月の結果	今月のベスト	今までの自己ベスト
1	高付加価値の新サービス開発への取り組み時間	成果	時間	週15時間	8	8	12.5	8	16	合計	52.5	16	25時間
2	スケジュール管理：一日のスケジュールが時間通りにできている	スキル	%	90%	77	68	74	75	86	平均	76	86	95%
3	チームワーク：必ず誰かに手伝うかどうかを声掛けする	姿勢	回数	週20回	12	9	14	15	19	合計	69	19	15回

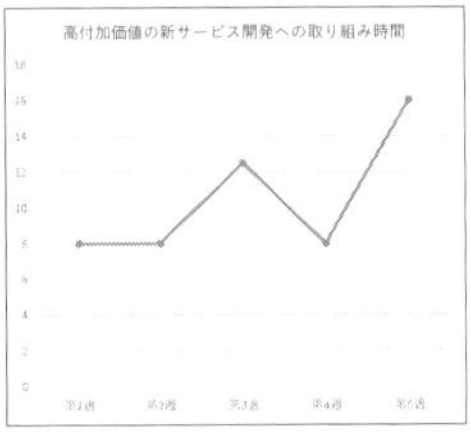

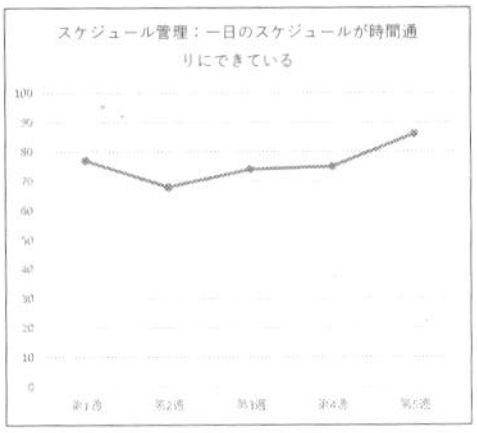

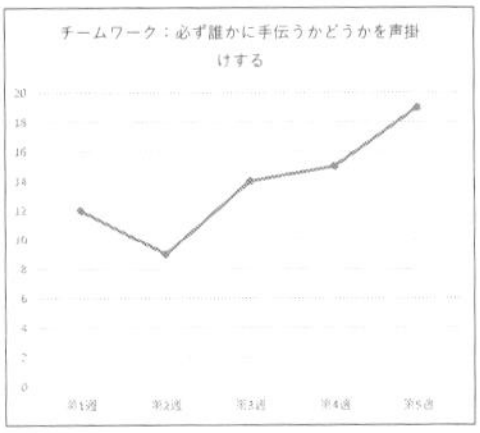

それぞれのシートは、上図のようなものです。これらの使い方、構成については、次の６章の最初で、もう少し大きい図を見ていただきながら、このページに続く形で説明していきます。

人事制度は大きな武器だ

　人事制度のなかった企業に、人事制度を導入したあとに、「どんな効果がありましたか？」と聞くことがあります。すると、あまり想定してはいなかった、次のようなことを答えていただけることがあります。

「人が採用しやすくなったよ」

　人事制度の本来の目的ではないのかもしれませんが、人事制度があること自体、採用の大きな武器になるのです。

　いまは完全に、企業が応募者を選ぶのではなく、応募者が企業を選ぶ時代になってきました。今後の労働人口の減少を考えると、この大きな流れは止まらないのではないでしょうか。

　地域、職種や業種で仕事を探す人が多くいます。そのなかで、たとえば、同地域、同業のＡ社とＢ社があったとします。そして、Ａ社には「人事制度」がありますが、Ｂ社にはありません。

　面接を受けにきた応募者に対して、Ａ社は資料を見せながら次のように会社の説明をします。

「当社には、人事制度があります。まず入社時には、経歴も考慮のうえ、この等級でスタートしてもらう予定です。この等級に求められる役割は、このようなことです。そして、上の等級に上がった場合は、このような役割になり、そのときの給与はこのようになります。○年後には、この等級ぐらいに上がってもらうことを期待しています。そのためのスキル向上のサポートも、この制度のなかで行なっていきますので、ぜひ一緒に頑張りませんか」

　一方、Ｂ社は次のように説明します。

「わが社には、人事制度などはないけれど、頑張る社員はしっかりと見ていきますよ。実力次第で上もめざせます。ぜひ一緒に頑張

りましょう！」

　さあ、応募者にとってどちらの企業が魅力的に映り、選ばれるでしょうか。

　応募者が面接時に、会社に聞くこと、確認することも、いまは大きく変わってきました。

　私も何度か転職する際に就職活動をしましたが、そのときには、聞いてはまずいだろうという「タブー」のようなものがありました。

　「休みは実際どれくらいありますか？」「残業時間は長いですか？」「有給休暇の取得率はどれくらいですか？」「社員は平均、何年ぐらい勤めていますか？」等々です。

　これらのことは、もちろん大事な労働条件に関することで、実際に働くとなると重要な情報です。しかし私の世代では、このようなことを聞くと採用してもらえないのではないかということで、知りたくても面接などでは聞かなかったものでした。

　採用する側の企業も、上記のようなことを聞かれると、仕事内容や自分がどれだけ貢献できるかではなく、労働条件で判断するのか、と、どちらかというと採用はＮＧとされた時代があったと思います。

　そして、いまだに、企業側にはこの考え方が残っている気がします。

　「そんなことを質問する社員は、どちらにしてもわが社にはいらん！」ぐらいのことを言う経営者もいたりします。

　しかし、時代は変わっています。

　ハローワークでの求職者に対する指導や、学校の就職課でも、上記のようなことは必ず確認しましょう、となってきているのです。

　労働条件を聞くからといって、その求職者が有能ではないわけではなく、確認することが大事だ、と価値観が変わっただけなのです。それらを確認する人のなかに、頑張ってくれる人材がいるのが、いまの時代です。

　そして、確認事項のなかには「会社に人事制度はありますか？」も含まれます。選んでもらう会社になるためには、「人事制度」があることが、大きな武器となるのです。

6章

「評価をしない評価制度」の
運用のしかた

📄 「運用がうまくいく」とは？

いよいよ「評価をしない評価制度」の運用方法に入っていきます。実際に、運用がうまくいかなくなって、人事評価制度が形骸化してしまうケースがとても多く見られます。

いまさら言うことでもないかもしれませんが、「運用がうまくいく」ことは非常に重要です。このことに異論がある方は、あまりいないでしょう。

では、「運用がうまくいく」とは、いったいどのような状態をいうのでしょうか。少し考えてみてください。

「運用がうまくいく」とはどういうこと？

実は、運用のサポートについて研修などをすると、この問いかけに対して案外、明確に回答を出せる人は、少なかったりします。

たとえば、「運用がうまくいく」とは、以下のような感じでしょうか。

- ●提出日には誰も遅れず、滞りなく評価シートが回収できている
- ●不平不満がほとんど出ず、毎年ちゃんと回せている
- ●あまり手間がかからず、負担を感じずにできている

いえ、これは違います。

「運用がうまくいく」とは、本来は「**目的が実現できている**」ということなのです。

実現できてはいないにしても、ちゃんと目的に近づいているかどうか。人事評価制度は「手段」であり、「ツール」にすぎません。これを組織に導入して「運用」していくことによって、実現したい「目的」があるはずです。

前ページであげた例は、「手段がうまくいっている」にすぎません。もし、業績向上が目的であったら、業績はちゃんと上がっているのか、人材育成が目的であったら、社員は成長しているのか——それらをしっかりと追いかけなくてはいけなのです。

例にあげたように、「滞りなく」「不満が出ないように」ということを「運用がうまくいく」ととらえて、まさしく「手段が目的化」してしまっている組織は、非常に多く見られます。

こうなると、制度は形骸化して効果は出ません。このようなことに陥らないように気をつけましょう。

効果が出るように人事評価制度を運用することは、決して魔法のように片手間でパッとできるようになるものではありません（もちろん、ムダな労力は避けるべきですが）。

多少の手間や労力がかかることはあるでしょう。一部の人からの不平不満が多少出ることもあるでしょう。

特に、通常の「評価をする」人事評価制度だったら、社員に序列ができるわけですから、どんなに適正な評価をしたつもりでも、低い評価を受けた人が「満足しています」と言うことはあまりありません。

手間も労力もかかるし、不満の声も多少は出てくる。それでも、人事評価制度を活用していくことで、業績は上がり、社員も成長している——それが「運用がうまくいく」ということなのです。

運用する際の年間スケジュール

📄 スケジュールを作成するための確認事項

ハビタット株式会社では、毎年4月～翌年3月までを一事業年度としています。また、いままではなんとなく"鉛筆なめなめ"という感じで、その期の数字の推移を見ながら7月の給与改定と、7月・12月の賞与支給に反映させてきました。

まずは、この年間の大きな枠を確認したうえで、新しい人事評価制度の導入スケジュールをつくってみましょう。

ハビタット株式会社の運用スケジュール確認事項	
事業年度（決算日）	4月～翌3月（3月末）
給与改定時期	7月の支給から
賞与支給時期	①7月、②12月
賞与算定期間	①10月～翌3月、②4月～9月
給与の締め日	毎月末日
給与の支払日	翌月15日

実際に導入スケジュールをつくる際には、まず上の表のような事項について確認して進めていきます。その場合、人事評価制度の導入にあわせて、変更が必要になる事項も出てきます。

たとえば、業績にもとづいて賞与を決めたいので支給時期を変えるとか、1か月単位の振り返りを反映させたいので給与の締め日を変える（20日締め→末日締めなど）ことなどを検討します。締め日を変えないのであれば、フィードバックの締め日を給与の締め日に合わせる必要があるかもしれません。本来の目的につなげるためにも、わかりやすく、見えやすい形にしておくことが望ましいです。

年間スケジュールの立て方

運用する際の年間の流れは下図のようになります。

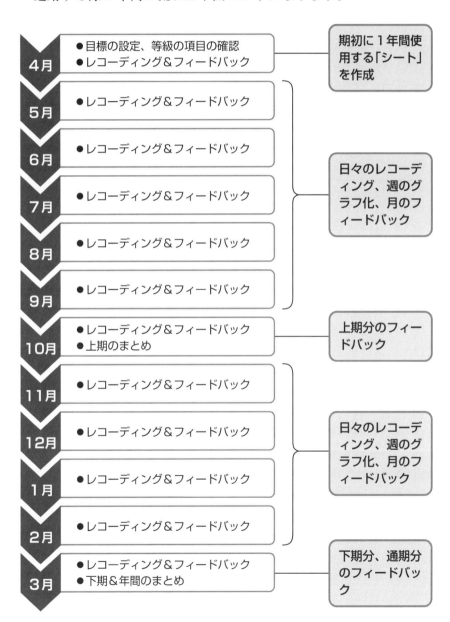

4月	●目標の設定、等級の項目の確認 ●レコーディング&フィードバック	期初に1年間使用する「シート」を作成
5月	●レコーディング&フィードバック	
6月	●レコーディング&フィードバック	
7月	●レコーディング&フィードバック	日々のレコーディング、週のグラフ化、月のフィードバック
8月	●レコーディング&フィードバック	
9月	●レコーディング&フィードバック	
10月	●レコーディング&フィードバック ●上期のまとめ	上期分のフィードバック
11月	●レコーディング&フィードバック	
12月	●レコーディング&フィードバック	日々のレコーディング、週のグラフ化、月のフィードバック
1月	●レコーディング&フィードバック	
2月	●レコーディング&フィードバック	
3月	●レコーディング&フィードバック ●下期&年間のまとめ	下期分、通期分のフィードバック

年間スケジュールは、前ページ図にあるように、まず期初にシートを作成します。シートには、会社の目標に向かって個人が取り組むべきことを連動させるために、どの役割等級で、どのような成長をしていけばよいのか、についてしっかりと記入します。

その後は日々、自身で記録し、週のまとめをグラフ化して確認し、毎月１回は上司と本人とでフィードバックのミーティングをするという流れになります。

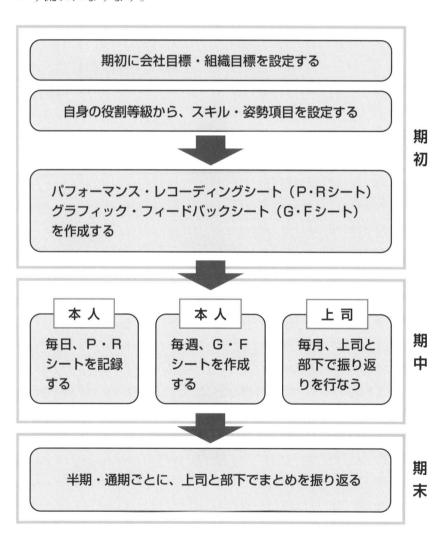

6-3 「会社目標・組織目標作成シート」の作成

📄 「会社目標・組織目標」の明文化からスタート

　毎年、事業年度が開始する1か月前までには、会社と組織の目標を決めて、次ページにある「**会社目標・組織目標作成シート**」を作成して、それぞれの目標を記入しましょう。

　本来、人事評価制度のあるなしにかかわらず、会社や組織の目標は、経営者から管理職、一般社員に至るまで全社員に浸透させ、ベクトルを合わせてめざしていくもの。しかし残念ながら、上が思っているほど全員には浸透していないのです。

　経営層は、「いやそんなことはない。ちゃんと社員総会で発表しているし、朝礼の場でも伝えている」などと言います。しかし、私が人事評価制度の導入サポートをするときなどに、いろいろな階層の社員にインタビューすることがあります。たとえば「○○さん、今年の会社目標は何でしたっけ？」と聞くと、「ちょっと待ってください…」と資料を探しに行ったり、ＰＣを開いたりして、「あっ、うちの目標はたしかこれです」と、他人事のように答えるのです。

　そこで、「評価をしない評価制度」を導入・運用することで、まずは社員がしっかり把握できるように会社目標・組織目標を明文化する。そしてそれを行動に起こせるように「レコーディングシート」に落とし込んで、毎日、毎週、毎月に触れる機会をつくる。目標を浸透させる「手段」「ツール」がこの目標作成シートなのです。

　前述のように「会社目標・組織目標作成シート」は毎年、期がスタートする1か月前には作成しますから、4月から事業年度が開始するハビタット株式会社では、遅くとも3月末までに作成します。

　目標を実現するという成果は、社員の行動の集積です。社員に伝わる言葉で、毎年しっかりと考えられるイベントにしましょう。

◎「会社目標・組織目標作成シート」◎

ハビタット株式会社	［会社目標・組織目標作成シート］

記載者　氏名　　　　　　　　部署　　　　　　　記載年月日　　　年　　　月　　　日

□　今期の会社がめざす「成果」での優先目標は何でしょうか？

> 上部には、会社のその期の目標を記載します。社員に伝わるわかりやすい言葉で！

□　会社の成果につながる「　　　　　　　」部署での成果の優先目標は何でしょうか？

> 下部には、上の会社目標から落とし込まれる組織別の目標を記載しましょう。それぞれの部署の責任者が設定することもあります。

6-4 「パフォーマンス・レコーディングシート」（P・Rシート）の作成

📄 P・Rシートの作成手順

次に、毎日使用する２つのシートの作成に入ります。

まずは「パフォーマンス・レコーディングシート」（P・Rシート）からです。期初（ハビタット株式会社なら４月）になったら、一番最初に個人がすることです。このP・Rシートを作成するにあたっては、次の３つのものを用意します。

---

①**会社目標・組織目標シート**（前ページのもの）
②**役割等級定義**（147〜150ページのもの）
③**デッドマン・ビデオカメラチェックシート**

---

③の「デッドマン・ビデオカメラチェックシート」っていったい何だろう？　と思われたことでしょう。「デッドマン」なんて聞くと少しドキッとしますね。

これは、これからシートを作成する過程で、説明していきますが、パフォーマンスを記載するときに、それが具体的なものになっているかどうかを見るチェックをするためのシートです。

「デッドマンテスト」は、ＡＢＡ（応用行動分析学）などの心理学で出てくる用語ですが、直訳すると、日本では「死人テスト」などと呼ばれています。もっとドキッとしますね。

これらの３つのシートを使って、P・Rシート（189ページ参照）をつくっていきましょう。作成手順は以下のとおりです。

①シートの上部を埋める

まず、作成工程としては、P・Rシートの上部の部分を埋めてい

きます。部署、等級、氏名などの記入は特に問題ないと思いますが、期初に部署が異動したり、新たな等級になることもあるので、その場合は間違えないように通知しておきましょう。

②目標とスキルと姿勢を転記する

次に、用意した「会社目標・組織目標シート」から会社目標と組織目標を転記します。両方の目標が同じであれば、同じものを記入します。そして、自身の「役割等級定義」を見ながら、「必要なスキル」と「望ましい姿勢」を転記します。これで、「**組織の目標**」「**必要なスキル**」「**望ましい姿勢**」を、毎日見ることになるので、浸透が進んでいくことになります。この３つが他人事ではなく、自分自身に落とし込んでいくようになるのです。

③記録していくパフォーマンス項目をつくる

最後に、その月に取り組む「**パフォーマンス項目**」を３つ作成します。３つ×５週間分になっていて、約１か月、同じ項目を記録していきます。

また、３つの「パフォーマンス項目」を設定する際には、「デッドマン・ビデオカメラテスト」というチェック方法を使用します。

この３つの項目は、上部の「組織の目標」「必要なスキル」「望ましい姿勢」の種類にあわせて、「**成果**」「**スキル**」「**姿勢**」とシートに記載しておきます。次ページの記載例では、それぞれ１つずつにしていますが、３つすべてを「組織目標」から「成果」としてもＯＫです。記載する際には、会社は何をめざすのか、成果なのか育成なのか風土なのか。それを上司と話して決めていきましょう。

スタート時に設定したものは、毎月単位で見直していきます。この変化の速い時代（外部環境で戦略はまったく変わります）に、１年間固定してしまうことは、「足かせ」になることもあります。「**マンスリーミーティング**」で毎月、見直しを検討します。

①シートの上部を埋める

②目標とスキルと姿勢を転記する

③記録していくパフォーマンス項目をつくる

④ゴール・セッティング（G・S）を行なう

⑤毎日単位で記録していく

⑥合計もしくは平均の今週の結果

⑦自己ベストを記載

シート上部

第15期	ハビタット株式会社　パフォーマンス・レコーディングシート [P・Rシート]	4月	部署	営業部	本人氏名	榎本あつし
会社目標	営業利益 1.5億円　残業時間の前年比20%削減		職級	L2	上長氏名	根笹 陽子
組織目標	新サービスでの売上 1億円　残業時間の前年比35%削減		等級	営業		

必要なスキル	望ましい姿勢
リーダーシップ、指導・教育力、トラブル対応、スケジュール管理、率先垂範、仕事の質、仕事のスピード	理想の体現、チームワーク、チャレンジ・向上心、自責の精神

第1週（月3/29〜日4/4）

#	パフォーマンス項目	種類	単位	週の目標	月 3/29	火 3/30	水 3/31	木 4/1	金 4/2	土 4/3	日 4/4	合計or平均	今週の結果	自己ベスト
1	高付加価値の新サービス開発への取り組み時間	成果	時間	週10時間	2	0	1	0	5			合計	8	20時間
2	スケジュール管理：一日のスケジュール通りにできている	スキル	%	90%	80	95	50	80	80			平均	77	95%
3	チームワーク：必ず誰かに手伝おうかどうかを声掛けする	姿勢	回数	週14回	2	0	2	3	5			合計	12	15回

第2週（月4/5〜日4/11）

#	パフォーマンス項目	種類	単位	週の目標	月 4/5	火 4/6	水 4/7	木 4/8	金 4/9	土 4/10	日 4/11	合計or平均	今週の結果	自己ベスト
1	高付加価値の新サービス開発への取り組み時間	成果	時間	週10時間	2	2	2	4				合計	8	20時間
2	スケジュール管理：一日のスケジュール通りにできている	スキル	%	90%	70							平均	68	95%
3	チームワーク：必ず誰かに手伝おうかどうかを声掛けする	姿勢	回数	週14回	2							合計	9	15回

第3週（月4/12〜日4/18）

#	パフォーマンス項目	種類	単位	週の目標	月 4/12	火 4/13	水 4/14	木 4/15	金 4/16	土 4/17	日 4/18	合計or平均	今週の結果	自己ベスト
1	高付加価値の新サービス開発への取り組み時間	成果	時間	週15時間	4	1	7.5	0	0			合計	12.5	20時間
2	スケジュール管理：一日のスケジュール通りにできている	スキル	%	90%	80	80	40	80	90			平均	74	95%
3	チームワーク：必ず誰かに手伝おうかどうかを声掛けする	姿勢	回数	週20回	3	2	3	3	3			合計	14	15回

第4週（月4/19〜日4/25）

#	パフォーマンス項目	種類	単位	週の目標	月 4/19	火 4/20	水 4/21	木 4/22	金 4/23	土 4/24	日 4/25	合計or平均	今週の結果	自己ベスト
1	高付加価値の新サービス開発への取り組み時間	成果	時間	週15時間	0	0	0	4	4			合計	8	20時間
2	スケジュール管理：一日のスケジュール通りにできている	スキル	%	90%	100	80	80	40	75			平均	75	95%
3	チームワーク：必ず誰かに手伝おうかどうかを声掛けする	姿勢	回数	週20回	4	2	3	3	3			合計	15	15回

第5週（月4/26〜日5/1）

#	パフォーマンス項目	種類	単位	週の目標	月 4/26	火 4/27	水 4/28	木 4/29	金 4/30	土 4/31	日 5/1	合計or平均	今週の結果	自己ベスト
1	高付加価値の新サービス開発への取り組み時間	成果	時間	週15時間	2	2	3	4	5			合計	16	20時間
2	スケジュール管理：一日のスケジュール通りにできている	スキル	%	90%	95	90	95	80	70			平均	86	95%
3	チームワーク：必ず誰かに手伝おうかどうかを声掛けする	姿勢	回数	週20回	7	2	2	2	5			合計	18	15回

④ゴール・セッティング（G・S）を行なう

　次に、3つの「パフォーマンス項目」の「**週間目標**」を決めます。ＡＢＡ（応用行動分析学）の実証データによると、記録のみのときと、「ゴール・セッティング」（G・S）を行なったときを比べると、後者のほうがパフォーマンスが上がると、多くの例が出ています。

　その週の状況を見ながら、毎週単位で設定しましょう。休みが多い週、特別に忙しい週などがあれば、その週に合わせて目標を設定します。平日勤務の場合だったら、金曜日の夜に必ず来週の目標を決める、などとルール化しておくと継続しやすいでしょう。「合計の目標」「1日の最大の目標」などもあります。

⑤**毎日単位で記録していく**

　原則として、毎日単位で自己記録していきます。終業前に行なうのがベストです。「**行動の所産**」（Products of Behavior）があるようなら、まとめて記録することもできますが、できれば毎日振り返りを行なって記録しましょう。今日できなくても、明日やろうと振り返ることで、ほったらかしにして忘れることを防げます。

⑥**合計もしくは平均の今週の結果**

　週の終わりに、その1週間の結果を記載します。合計が適切なもの、平均が適切なものがあるので、それぞれの欄に記載します。目標の設定は「合計の目標」と「1日の最大の目標」により使い分けましょう。

⑦**自己ベストを記載**

　いままでの自己ベストを記載しておきます。毎週単位で記載していきましょう。その週でベストを更新した場合は、新たなベストにそこから書き換えます。「ベスト更新」があると、行動は「強化」されるのです。

6-5 「デッドマン・ビデオカメラテストシート」の作成

📄 「デッドマン・ビデオカメラテスト」とは何か

下図が「デッドマン・ビデオカメラテストシート」です。

ハビタット株式会社　　　　［デッドマンテスト・ビデオカメラテストシート］

記載者 氏名　　　　　　　　部署　　　　　　記載年月日　　年　　月　　日

☐ パフォーマンス・レコーディング（P・R シート）に記載の、記録していくパフォーマンス・行動を、できるだけ具体的に、カウントできるような表現で作成してみましょう。

　※【デッドマンテスト】【ビデオカメラテスト】をクリアできるような表現になると、記録が取りやすくなります。クリアしたら〇、しなければ×をつけましょう。

【デッドマンテスト】
「死人」にできること＝「行動」ではない。
死人にはできないようなことを、
パフォーマンス項目に書き出しましょう。
（否定形、受身形にならない）

【ビデオカメラテスト】
撮影したビデオをモニター越しに見た人が
分かるようなレベルの行動を、
パフォーマンス項目に書き出しましょう。
（抽象的・内面的にならない）

#	パフォーマンス項目候補	デッドマンテスト	ビデオカメラテスト
1			
2			
3			
4			
5			
6			
7			
8			
9			
10			
11			
12			

これは3つの「パフォーマンス項目」をつくる際に、使用する資料の1つで、これを使ってパフォーマンス項目をチェックします。

　3つのパフォーマンス項目は、「能動的」（ポジティブアクション）かつ「目に見える」形でないといけません。パフォーマンスを成果や成長につなげるためにも、記録を取りやすくするためにも、非常に重要なものなのです。そこで、それをチェックするために行なうのが、このシートを使用した「デッドマンテスト」「ビデオカメラテスト」です。

　どちらもＡＢＡ（応用行動分析学）に出てくる用語で、実際に使われるチェック方法です。

【デッドマンテスト】

「死人」にできることは行動とはいわない。「死人」ができない表現になっているかどうかのチェック方法

　たとえば、「文句を言わない」は、死人ができる（得意！）ことなので「行動」と定義しません。一方、「発言する」は、死人にはできないので「行動」になります。「否定」「受け身」の表現を避ける方法です。このチェックをして「能動的」（ポジティブアクション）を設定するようにします。

　例をいくつかあげると下表のとおりです。

<デッドマンテスト> クリアできない	<デッドマンテスト> クリアできる
黙っている	声を上げる
反論せずに聞いている	お客様を訪問する
余計なことをしない	書類の添削をする
講義を受けている	研修で質問をする
待機している	リストをチェックしている

　次に、「ビデオカメラテスト」です。

【ビデオカメラテスト】

ビデオで撮影して、モニター越しに見た人が、何をしているかわかるかどうかのチェック方法

　このテストは、「あいまいさ、抽象さ」を避けるためのチェック方法です。「徹底する」「把握する」「意識する」などをパフォーマンス項目に設定すると、目に見えないので、やっているのかやっていないのかわからず、記録もできなくなります。「ビデオカメラテスト」で、それを「目に見える行動」にしておくのです。

| <ビデオカメラテスト>
クリアできない | <ビデオカメラテスト>
クリアできる |
|---|---|
| スキルアップを意識する | 参考書を30ページ読む |
| 情報共有を徹底する | 会議内容をメールで送る |
| 志を高くする | 年始の目標を書初めで書く |
| 業務内容を把握する | 業務内容を説明する |
| 指導を強化する | 一緒に同行訪問する |

　用意する資料の「会社目標・組織目標シート」「役割等級定義のスキル・姿勢」のなかから、取り組むパフォーマンスをいくつか考えたら、このシートの「取り組むパフォーマンス候補」に書き込みます。そして、右側の「デッドマンテスト」「ビデオカメラテスト」のチェックを行ないます。

　「死人にはできない表現になっている」（能動的・ポジティブアクション）かつ「ビデオに撮ってモニター越しに見て何をしているかわかる」（目に見える）、この両者のチェックをクリアした項目で、パフォーマンス項目を考えていきます。

　このように、本来は「会社目標・組織目標シート」「役割等級定義のスキル・姿勢」から、しっかりと自分の取り組んでいくことを考えて設定し、上司と話し合ってレコーディングしていく項目を決

定していきます。しかし最初のうちは、何に取り組んでいくのか、なかなか書き出せない場合が多いでしょう。

そこでまずは、会社のほうでこの項目をつくり込んでおき、選んでもらうということもOKです。また、こちらでもサンプルを用意しました。

「スキル項目」「姿勢項目」に関しては、右ページにある「**パフォーマンス一覧シート**」を参考にしながら選ぶこともOKとします（ただし、慣れてきたら自分で考えるようにしましょう）。

組織目標に関しては、組織ごとに変わってくるので、これは上司・部下で相談もしつつ、2つのテストをクリアするように設定しましょう。成果を出すための具体的作戦です。これを身につけることは、業績向上・組織の目標達成において必須のスキルです。

確認ワーク

忘れたころにワークを行ないます！

下の表にあげたものが、デッドマンテスト、ビデオカメラテストをクリアするか考えてみましょう。クリアは「○」、クリアできないなら「×」を枠内に書いてみてください。

これはパフォーマンス？	デッドマンテスト	ビデオカメラテスト
お客様第一を徹底する		
チェックされてもミスがない		
手順を最後まで暗唱で言える		
提案書を朝一で提出する		
不満を言わないでいる		

答えは217ページに！

◎パフォーマンス一覧シート◎

No.	コンピテンシー	定義	パフォーマンス項目案		単位
	スキル項目 (経験や知識、習熟によって向上する能力など)		**パフォーマンス項目への変換例** (記録可能な具体的な行動の案など)		
1	ビジネスマナー 一般常識	社会人としてのマナーができているかどうか。一般常識があるかどうか。	①	ビジネスマナーや一般常識の研修DVDを観る	時間
			②	ビジネスマナーや一般常識の本を読む	頁数
			③	ビジネスマナーのロールプレイングを上司に見てもらう	回数
			④	ビジネスマナーや一般常識の勉強ノートを作る	頁数 時間
			⑤	ビジネスマナーや一般常識について、周りにチェックしてもらう。	回数
2	コミュニケーション	顧客、職場、取引先などとのコミュニケーションはできているか。	①	相手の話を聞くときは、片手間や他の作業をしながらではなく、向き合って聞く。	回数
			②	円滑な人間関係のため、仕事以外の話題を自分から話しかける。	回数
			③	あいづちやうなづきなどをしながら、傾聴や承認を行う。	回数
			④	内容に間違いがないように、相手が理解しているかどうかの確認をする。	回数
			⑤	コミュニケーションに関する研修DVDや本を読む。	時間 頁数
3	整理整頓	身の回りや職場の整理整頓ができているかどうか。	①	自身のデスク周りの整理整頓を行ってから帰社する。	○×
			②	理想のデスク周り（写真に撮るなど）との比較で、整頓度はどれくらいか。	%
			③	上司もしくは周りの人に、整理整頓度をチェックしてもらう。	点数
			④	PC内のデータの整理整頓を行ってから帰社する。	○×
			⑤	使用したものは、必ず元の場所に戻す。	% ○×
4	自社に関する知識	自社の概要・経歴・特徴・強みを知っているかどうか。	①	自社の商品やサービス、他社との差別点、長所などの勉強をする。	時間
			②	自社の成り立ち、歴史、組織構成などの勉強をする。	時間
			③	周りから自社に関する質問を受け、回答の練習をする。	回数
			④	自社の今後の方向性、ビジョン、将来、目標などについて何かしらのアウトプットをする。	回数
			⑤	自社の周りの人（お客様、外部の関連業者、取引先）に自社についてのヒアリングをする	回数
5	接客・電話応対	来客、訪問、電話応対の際の振る舞いは適切かどうか。	①	電話は3秒以内に出て、相手の社名・名前・用件を聞き、伝達を忘れないようにメモに書き留める。	回数
			②	接客・電話応対のDVDを観たり、本を読む。	時間 頁数
			③	電話を受ける際には、当社の社名、電話を受けた自身の名前を必ず伝え、担当が不在の時でも、「いない」ではなく、こちらでできることの確認をしている。	回数
			④	相手からかかってきた際には、必ず相手が切るのを確認して、静かに受話器を置く。	回数
			⑤	自分への訪問ではない時でも、来客者の目を見て、お辞儀をして笑顔で挨拶をする。	回数
6	報・連・相	職場における報告、連絡、相談。上長や周りに対して、すぐに報告、連絡、相談をしているかどうか。	①	業務の進捗状況をこまめに上長へ報告する。	回数
			②	ミスやクレーム、問題などの悪いことこそ早く伝えている。	回数
			③	行っている業務が指定時間までに終わらない、または変更する場合、上司に口頭及びメールで伝える。	回数
			④	報連相を行う場合は相手がいつも可能なのか、都合のいい時間を聞いている。	回数
			⑤	「どうしたらいいですか」ではなく、「こうしたい」「これでもよいでしょうか」などの相談ができている。	回数
7	フォロワーシップ	上司や部下など、周囲の人をフォローする能力があるかどうか。	①	上司から受けた指示を、どのようにやれば効率的、効果的にできるかを、自身で一度考える。	回数
			②	上司の指示や判断に対して、問題点に気づいたり、よりよい意見がある場合は、しっかりと伝える。	回数
			③	盲目的に指示に従うのではなく、指示の先にある目的や、そのためにはもっと良い手立てはないか考え、伝える。	回数
			④	上司からの指示を周りや部下に伝えるときに、他人事ではなく、自身の指示として伝える。	回数
			⑤	より対応がしやすいように、また考えの理解を深めるために、上司とのコミュニケーションを自身から取る。	回数

「グラフィック・フィードバックシート」（G・Fシート）の作成

📄 パフォーマンスの推移がグラフでわかる

　3つのパフォーマンス項目を決めて、毎日レコーディングしていった結果を週間でまとめます。業態により、週の始まりなどは変わると思うので、週の始まり・終わりは個別に合わせて設定しましょう。そして、週のまとめの数字は、右ページの「**グラフィック・フィードバックシート**」（**G・Fシート**）に入力していきます。

　5週分のデータが折れ線グラフになっているので、自身のパフォーマンスが増加しているか、変化なしか、減ってしまっているか、その推移を月単位で、自分自身で記録、確認していきます。

　また、面談などはしなくてもよいので、上司に提出する、共有フォルダに入れるなどして、確認してもらうようにしましょう。そして、月1回のミーティングを行ないます（月の前か後ろを含めて5週分を行なうとやりやすいです）。作成手順は以下のとおりです。

①P・Rシートの週の結果を入力する

　グラフィック・フィードバックシートの上部のセルの部分に、P・Rシートの週単位の結果を入力していきます（ダウンロードの資料では自動で入力されます）。

②自身でグラフを確認、自身で振り返り、上司と共有する

　面談などは行ないません。自身で振り返り、上司に提出しましょう。お互いに週に1回、「見て確認」しておけばOKです。

③何か月もの継続項目は、「継続フィードバックシート」で

　毎月、見直しをしますが、何か月も継続でやっていく項目も出てきます。その場合は、別紙の「継続グラフィック・フィードバックシート」（C・G・Fシート）も用います。これを使うと、自身のパフォーマンスの傾向がよりわかります。

①P・Rシートの週の結果を入力する

②自身でグラフを確認、自身で振り返り、上司と共有する

第15期	ヘビタット株式会社　グラフィック・フィードバック [Gシート]		4月	必要なスキル	望まれる姿勢	本人氏名	榎本あつし
会社目標	営業利益　1.5億円　残業時間の前年比20%削減			リーダーシップ、指導・教育力、トラブル対応、スケジュール管理、率先垂範、仕事の質、仕事のスピード	恩の体現、チャレンジ・向上、チームワーク、自負の結約	部署	営業部
組織目標	新サービスでの売上　1億円　残業時間の前年比35%削減					上長氏名	根亜　暢子
						職種　営業	等級　L2

#	パフォーマンス項目	種類	単位	週目標値（最大の週）	第1週	第2週	第3週	第4週	第5週	合計or平均	今月の結果	今月のベスト	今までの自己ベスト
1	高付加価値の新サービス開発への取り組み時間	成果	時間	週15時間	8	8	12.5	8	16	合計	52.5	16	25時間
2	スケジュール管理：一日のスケジュールが時間通りにできている	スキル	%	90%	77	68	74	7?	86	平均	76	86	95%
3	チームワーク：必ず誰かに手伝うかどうかを声掛けする	姿勢	回数	週20回	12	9	14	15	19	合計	69	19	15回

ダウンロード資料は自動でグラフ化されます

チームワーク：必ず誰かに手伝うかどうかを声掛けする

スケジュール管理：一日のスケジュールが時間通りにできている

高付加価値の新サービス開発への取り組み時間

月に一度の振り返りミーティングの実施

📄 評価に関する話はしない

　上司と部下のミーティングは月に一回、右ページにある「**マンスリー・ミーティングシート**」（**M・Mシート**）を使いながら実施しましょう。ミーティングの目的は「**パフォーマンス項目の見直しの話し合い**」です。評価に関する話し合いではありません。

　「評価をしない評価制度」は、プレイヤー要素の強い中小企業の上司の負荷を取り除きつつ、部下のパフォーマンスを上げるための制度です。「がっつり」のミーティングはせずに、長くても30分以内で、「パフォーマンス項目の見直しの話し合い」をします。

　上司の役割は、毎月単位で組織の目標につなげるために、部下に取り組んでもらう項目はこのままでいいのか、変更が必要か、引き続き同じように取り組んでもらうのか、などを検討することです。

　また、パフォーマンスは上がっているのか、変わっていないのか、について部下と一緒に確認します。どうしたらパフォーマンスが上がるかなどのサポートをしましょう。週の目標が適切かどうかなども話し合います。

　気をつけたいのは、ここで「評価」をしないことです。もちろん、話し合いのコミュニケーションなので、評価に関することが多少は出ることもあります。頑張っていることに「いいね」「この調子で」などの承認はOKですが、「何をやっているんだ」「これじゃダメだ」などのネガティブな評価はしないようにしましょう。シートのグラフを見れば、上司から言われなくても本人がわかります。パフォーマンスは、本人自身の振り返りによって引き上げるのです。

　M・Mシート、G・FシートとC・G・Fシート（あれば）を用意して、1か月に1回、30分以内のミーティングを行ないましょう。

◎「マンスリー・ミーティングシート」（M・Mシート）◎

第　期	ハビタット株式会社　マンスリーミーティング（M・Mシート）	ミーティング時に用意するもの	部署	本人氏名

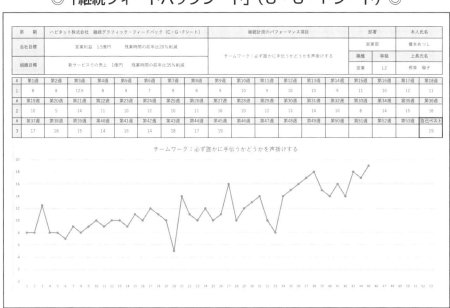

◎「継続フィードバックシート」（C・G・Fシート）◎

チームワーク：必ず誰かに手伝うかどうかを声掛けする

6-8 給与、賞与を決める

📄 給与の改定のしかた

　ハビタット株式会社では、年に2回、7月と12月に賞与を支給しており、年に1回、7月に給与の改定を行なっています。

　一般的な「評価をする」評価制度では、個人の評価を反映させますが、「評価をしない評価制度」では、評価自体が出ません。そこで、給与改定する際には、44ページに掲載した「役割等級」×「業績」によって算出します。

◎給与改定の方法◎

ポイント単価
業績により 300円〜 −300円
業績により 300円〜 −100円
業績により 300円 〜0円

×

等級	改定ポイント
M1	120P
M2	100P
M3	70P
L1	50P
L2	40P
L3	30P
S1	20P
S2	15P
S3	10P

> 例：①業績により会社がポイント単価を決定　1P＝100円
> 　　②「L1」等級のAさんの給与改定ポイント＝50P
> 　　③ポイント単価100円×Aさんのポイント50＝5,000円

　それぞれの社員が持っている等級ごとの「改定ポイント」に、業績に合わせて、ポイント単価を設定していきます。

◎ハビタット株式会社の給与改定の結果◎

社員	等級	改定ポイント	追加ポイント	単価	改定額
Aさん	M2	100		120	12,000
Bさん	L1	50	7	120	6,000
Cさん	L2	40	5	120	4,800
Dさん	L2	40		120	4,800
Eさん	S1	20	5	120	2,400
Fさん	S1	20	3	120	2,400
Gさん	S3	10		120	1,200
⋮	⋮	⋮	⋮	⋮	⋮
合計					75,500

　単価を設定すると、毎月単位での昇給の合計額が出ます。これを1年で考え、福利厚生費の上昇分も含めて、やっていける金額かどうかを、検討します。業績がよくて、もっと出せるのであれば単価を引き上げます。逆に厳しいようであれば引き下げます。変動できる制度にしておくことが、運用を継続するうえでも大事なのです。

　また、「追加ポイント制」などを採用してもよいでしょう。「等級」×「業績」で改定額を決めるとなると、同じ等級の人は、貢献度がどんなに違っても、同じ金額になってしまいます。これを多少なりとも解消するのが、追加ポイントです。

　その場合、「皆勤の場合 ＋2」「懲戒なし ＋2」「頑張りポイント ＋3」のように、加点方式で設定します。

　ユニークな制度としてゲーム感覚で加点することを考えてもよいですが、「評価」にならないように注意しましょう。

　「頑張りポイント」などは、特別な貢献があった場合などに、根拠を明確にして加点すると、事前の報酬提示による「アンダーマイニング効果」（58ページ参照）は引き起こさず、後から「頑張ったことの承認」の効果を発揮することができます。

📄 賞与の算出のしかた

　賞与についても、給与と同様にポイント制を採用します。賞与を算出するには、171ページにあげた次の計算式を使います。

> 賞与＝「基本給（基礎給＋職種給）」×業績

　計算手順は、172ページにあげた①～④の流れ図のとおりです。再確認しておきましょう。

①基本給 ÷ 10,000 ＝ 本人ポイントを算出する

②全員の本人ポイントを合計する

③賞与原資額を全員の合計ポイントで割り、単価を決定

④各自のポイントに戻して、支給額を決定

　賞与を算出する際も、やはり「評価」指標は使いません。業績のみを反映するシンプルな計算方法です。

　もちろん、賞与の場合も給与改定と同様に、「追加ポイント制」を採用することもありです。ただし、評価が行き過ぎないように注意してください。

◎ハビタット株式会社の賞与の結果◎

社員	基本給	本人P	追加P	合計P	賞与額
Aさん	650,000	65		65	747,800
Bさん	360,000	36	5	41	471,700
Cさん	315,000	32	3	35	396,900
Dさん	310,000	31		31	356,600
Eさん	240,000	24	3	27	310,600
Fさん	230,000	23	3	26	299,100
Gさん	175,000	18		18	201,300
⋮	⋮	⋮	⋮	⋮	⋮
全員の合計				565	
原資額				6,500,000	6,501,500
ポイント単価				11,504	

　上表のように計算して各人の賞与を算出します。なお、計算した支給額の10円以下の金額は四捨五入しています。

　賞与についても、追加ポイント制を採用するのは「あり」といいましたが、やはり減点方式ではなく、加点方式をおススメします。ポイントが増えても、原資額を上回ることはないので、賞与については給与改定よりもある程度大胆に追加ポイントを設定してもよいかもしれません。

　しかし前述したように、やはり評価が行き過ぎないよう注意することが大切です。何かしらの成果を追加ポイントとして加点する際に、そのポイントを大きくしてしまうと、「評価」の要素が強くなってしまいます。そうすると、「評価をしない評価制度」のせっかくの「評価をしない」よさがなくなってしまうのです。

　したがって、追加ポイントは「味付け」程度にしましょう。大事なのは「大きさ」よりも、それがあるかどうか、ということです。

「運用がうまくいく」
5つのポイント

📄「評価をしない評価制度」の目的につながるコツ

　前項までの流れで、「評価をしない評価制度」を運用をしていくわけですが、実際に運用するにあたっては、おさえてほしい「ポイント」がいくつかあります。それをこの章の最後にあげておきます。

　「運用がうまくいく」（「評価をしない評価制度」の目的につながっていく）コツ、になります。

ポイント❶　評価スキルよりも記録のスキルを

　一般的な「評価をする」評価制度の場合は、上司の評価スキルが非常に重要になります。しかし、「評価をしない評価制度」では、承認力、コーチングスキル、適正な評価基準…、等々のスキルはなくても大丈夫です。その代わり、しっかりと記録してグラフ化するスキルが必要になります。記録の提示がパフォーマンス・フィードバックのカギになるからです。

ポイント❷　日時を決める

　毎週のグラフ化、毎月のミーティングは、必ず日時を決めて実施しましょう。「手が空いたらやる」は「やりません」と同じです。

　最重要の取り組みとして、期日を設けましょう。緊急度が高まって、必ず取り組むようになります。

ポイント❸　チームのグラフを掲示する

　「個人ごとのグラフを貼り出したらどうか」という提案をいただくことがありますが、あまりおススメできません。低いパフォーマンスの人が、職場に居づらくなったり、行動自体が委縮する恐れが

あるからです。また、パフォーマンスの高い人は高い人で、「空気を読む」からか、目立たないように行動を抑えてしまう場合があります。数字の掲示に慣れている営業系の部署でもない限りは、個人ごとのグラフを壁などに貼り出して公表することはやめましょう。

その代わり、「チーム」としての合計ポイントなどを掲示するのは大いにおススメです。日本人のよいところかもしれませんが、チームごとの成績を公表すると、チーム内で足を引っ張らないように頑張りますし、パフォーマンスの高い人が遠慮するようなこともなくなります。ＡＢＡ（応用行動分析学）における組織マネジメントの実験においても、個人成績を開示するよりもチームの合計成績を開示するほうが、数字が引き上がるというデータもあります。

ポイント❹　小さな集団から始める

「評価をしない評価制度」はかなりユニークな取り組みでもあるので、いきなり会社全体に導入するよりも、小さな部署から導入してみることをおススメします（給与・賞与の決め方の検討は必要）。

Ｐ・ＲシートやＧ・Ｆシートを使いながら運用に慣れて、課題を洗い出し、効果が実感できたら全社に広げていくとよいでしょう。

ポイント❺　有期でトライアルを実施する

いきなり無期限で導入するのではなく、「トライアル期間」（給与・賞与などにはすぐに反映させない）を設けて、全社で始めるにしても、一度トライアル期間を設けてスタートしましょう。そして、たとえばスタート２年後に正式に導入する、など期限を決めて取り組むことを提案します。期限を決めておくと、運用担当者も頑張って成果を出すために取り組むようになります。

こうすると全社員が、新しい評価制度の効果はどうなのかを検討しやすくなるので、「２年で効果を出しましょう！」などと、まず有期で導入してみることをおススメします。

運用する「しくみ」をつくることが重要

　人事評価制度の運用は、非常に重要であるにも関わらず、緊急度が圧倒的に低いため、期日が決まっているときにしか取り組みません。しかし、実際に成功する人は、緊急度が低くても、重要度は高い少し先のことに向けて取り組む人です。これは組織、企業でも同じです。たとえば、いまやらなくても困らない毎日の勉強やトレーニングなどに取り組める人が、成長も成果も手に入れられるのです。

　しかし、人は「緊急度」で行動が制御されるものです。いますぐに結果が出ることにばかり取り組んでしまいます。

　トレーニングジムにコーチがいるように、資格の学校に先生がいるように、組織には上司がいます。緊急度は低くても、重要度が高いものに個人ではなかなか取り組めない場合は、マネジメントする人を置くことで、取り組める「しくみ」をつくりましょう。

　同様に、部下より忙しい上司のマネジメントは社長が、そしてもっと忙しい社長のマネジメントは外部機関に依頼したり、委員会などを設置して、マネジメントができる「しくみ」をつくっておくことがとても重要なのです。

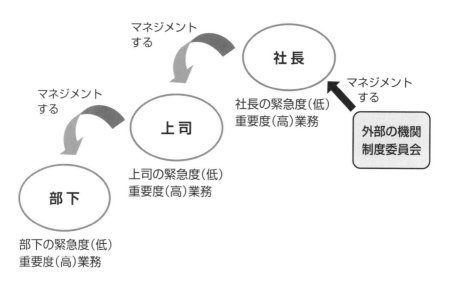

マネジメントする

社長

社長の緊急度(低)
重要度(高)業務

マネジメントする

外部の機関
制度委員会

マネジメントする

上司

上司の緊急度(低)
重要度(高)業務

マネジメントする

部下

部下の緊急度(低)
重要度(高)業務

Break time

人事評価の危険度チェックリスト

　ここで人事評価のチェックをしてみましょう。「評価をしない評価制度」ではなく、一般的な「評価をする」制度の場合のチェックリストです。全50項目ありますが、半分以上チェックがつくようでしたら黄信号。うまくいかないケースに陥っているかもしれません。

		人事評価制度　危険度チェックリスト
☐	1	人事評価を行なっている「目的」が明確でない
☐	2	社員に何のために人事評価を行なっているか聞いても答えられない
☐	3	5年以上、評価項目は変わっていない
☐	4	どこからか手に入れた他社の評価項目を使っている
☐	5	オープンな固定の昇給表を社員に周知している
☐	6	これだけ頑張ったらこれだけ給与が上がるという動機づけを図っている
☐	7	給与や賞与の調整のために、評価を変えてしまうことが多い
☐	8	最終評価が変わっても、一次評価者に説明していない
☐	9	一次評価者は、最終評価を他人事のように伝えている
☐	10	結局、毎年同じような評価に最後で調整されている
☐	11	評価から次の評価までの間に、中間チェックをしていない
☐	12	評価期間以外は、多くの社員が人事評価のことは忘れている
☐	13	人事評価とは、期末に点数をつけることと、多くの社員が思っている
☐	14	ほとんどの社員が、自分の評価項目が何かが、期末までわかっていない
☐	15	期初のスタート時に、評価項目を話し合うことはほとんどない
☐	16	評価シートに合計点数が出て、すぐわかるようになっている
☐	17	評価をつけるときは「数字（1・2・3など）」でつけている
☐	18	評価点をつける際の個数は「奇数」である（1〜5、1〜3など）
☐	19	評価項目が30個以上ある
☐	20	評価シートは1人につき複数枚ある（目標管理と能力評価は別など）
☐	21	評価基準（点数をつける基準）が別紙になって説明されている
☐	22	会社目標、組織目標を明確に示していない
☐	23	会社目標、組織目標が本人の評価シートに記載されていない

☐	24	本人評価を見て、上司が評価を行なっている
☐	25	上司は本人評価に引っ張られてしまっている
☐	26	目標管理制度の内容が抽象的である（徹底、強化、把握という目標が多い）
☐	27	経理、総務などの本部の目標が通常業務になってしまっている
☐	28	「〜をゼロにする」というような目標設定をしている人がいる
☐	29	「〜を100％にする」というような目標設定をしている人がいる
☐	30	従業員アンケートは実施するが、実施後のフィードバックができていない
☐	31	貢献度の高い社員からの人事評価に対する不満が多い
☐	32	貢献度の低い社員からの不満を、公平性のためによく聞き反映している
☐	33	個人目標は、皆ハードルを低くするようになってしまっている
☐	34	個人目標の進捗状況の確認を期中にしていない
☐	35	個人目標が会社や組織の目標と連動していないことがある
☐	36	個人目標が毎年同じような内容になっている
☐	37	個人目標が皆、同じような目標になっていて、人による違いが少ない
☐	38	毎年、多くの人が目標は達成できていない
☐	39	毎年、ほぼ全員が目標を達成している
☐	40	自身の目標を覚えていない
☐	41	評価者研修をここ数年実施していない
☐	42	一次評価者同士での「評価者ミーティング」を実施していない
☐	43	評価結果を伝える「フィードバック面談」を実施していない
☐	44	期中に、部下との目標や成長に関するコミュニケーションはほとんどない
☐	45	本人評価では、一番いい点しかつけてこない社員がいる
☐	46	上司評価では、真ん中の点数しかつけてこない評価者がいる
☐	47	評価結果を伝える「フィードバック面談」では、上司ばかりが話している
☐	48	期末の印象がよい社員が、評価も高くなってしまっている
☐	49	上司は、自分自身と比べて評価をしてしまっている
☐	50	一度評価し終わったあとに、合計点を見て中身を調整してしまっている

　いかがでしたか。人事評価を行なっていないという場合であれば、実際に上記のようなことが課題として出てきます。「評価をしない評価制度」では、リストのうちの大部分を解決することができます。

　このチェックリストは、巻末の特典ダウンロードのなかにありますので、ぜひ活用してみてください。

7章

「評価をしない評価制度」の
資料集

7章では、いままでこの本のなかで説明した際に登場した資料類をまとめて掲載しています。

　内容は、サンプル企業である「ハビタット株式会社」が「評価をしない評価制度」などの構築の際に使用した各種シートと、制度の概要をまとめた「人事制度概要書」です。

　シート類のすべては、読者の方が入力して使用することが可能です。

【ダウンロード特典／資料リスト】

1 「会社目標・組織目標作成シート」

2 「パフォーマンス・レコーディングシート」(P・Rシート)

3 「グラフィック・フィードバックシート」(G・Fシート)

4 「デッドマン＆ビデオカメラテストシート」

5 「パフォーマンス一覧（スキル項目・姿勢項目）」

6 「マンスリー・ミーティングシート」（M・Mシート）

7 「継続フィードバックシート」（C・G・Fシート)」

8 【評価をしない評価制度概要書】

9 「人事評価の危険度チェックリスト」（おまけ）

　なお、ダウンロードアドレスは、218ページに記載しています。

　ぜひ、これらのシートをお手元に置いて、6章の手順にしたがってチャレンジしてみてください。

1 「会社目標・組織目標作成シート」

ハビタット株式会社　　　　　　　　　［会社目標・組織目標作成シート］

記載者　氏名　　　　　　　部署　　　　　　記載年月日　　年　　月　　日

☐　今期の会社がめざす「成果」での優先目標は何でしょうか？

☐　会社の成果につながる「　　　　　　　　」部署での成果の優先目標は何でしょうか？

211

2 「パフォーマンス・レコーディングシート」(P・Rシート)

第15期	ハビタット株式会社　パフォーマンス・レコーディングシート【P・Rシート】	4月	必要なスキル	望ましい姿勢	部署	本人氏名
会社目標	営業利益　1.5億円　残業時間の前年比20%削減		リーダーシップ、指導・教育力、トラブル対応、スケジュール管理、率先垂範、仕事の質、仕事のスピード	理念の体現、チームワーク、チャレンジ・向上心、自責の精神	営業部	榎本あつし
組織目標	新サービスでの売上　1億円　残業時間の前年比35%削減				職種　営業　等級　L2	上長氏名　根岸　瑠子

#	パフォーマンス項目	種類	単位	週の目標	月 3/29	火 3/30	水 3/31	木 4/1	金 4/2	土 4/3	日 4/4	合計or平均	今週の結果	自己ベスト
1	高付加価値の新サービス開発への取り組み時間	成果	時間	週10時間	2	0	1	0	5			合計	8	20時間
2	スケジュール管理：一日のスケジュールが時間通りにできている	スキル	%	90%	80	95	50	80	80			平均	77	95%
3	チームワーク：必ず誰かに手伝うかどうかを声掛けする	姿勢	回数	週14回	2	0	2	2	3			合計	12	15回

#	パフォーマンス項目	種類	単位	週の目標	月 4/5	火 4/6	水 4/7	木 4/8	金 4/9	土 4/10	日 4/11	合計or平均	今週の結果	自己ベスト
1	高付加価値の新サービス開発への取り組み時間	成果	時間	週10時間	2	1	2	1	2			合計	8	20時間
2	スケジュール管理：一日のスケジュールが時間通りにできている	スキル	%	90%	70	90	30	70	80			平均	68	95%
3	チームワーク：必ず誰かに手伝うかどうかを声掛けする	姿勢	回数	週14回	1	1	2	4	1			合計	9	15回

#	パフォーマンス項目	種類	単位	週の目標	月 4/12	火 4/13	水 4/14	木 4/15	金 4/16	土 4/17	日 4/18	合計or平均	今週の結果	自己ベスト
1	高付加価値の新サービス開発への取り組み時間	成果	時間	週15時間	4	1	7.5	0	0			合計	12.5	20時間
2	スケジュール管理：一日のスケジュールが時間通りにできている	スキル	%	90%	80	80	40	80	90			平均	74	95%
3	チームワーク：必ず誰かに手伝うかどうかを声掛けする	姿勢	回数	週14回	3	2	2	4	3			合計	14	15回

#	パフォーマンス項目	種類	単位	週の目標	月 4/19	火 4/20	水 4/21	木 4/22	金 4/23	土 4/24	日 4/25	合計or平均	今週の結果	自己ベスト
1	高付加価値の新サービス開発への取り組み時間	成果	時間	週15時間	0	0	0	4	4			合計	8	20時間
2	スケジュール管理：一日のスケジュールが時間通りにできている	スキル	%	90%	100	80	80	40	75			平均	75	95%
3	チームワーク：必ず誰かに手伝うかどうかを声掛けする	姿勢	回数	週20回	4	2	3	3	3			合計	15	15回

#	パフォーマンス項目	種類	単位	週の目標	月 4/26	火 4/27	水 4/28	木 4/29	金 4/30	土 4/31	日 5/1	合計or平均	今週の結果	自己ベスト
1	高付加価値の新サービス開発への取り組み時間	成果	時間	週15時間								合計	16	20時間
2	スケジュール管理：一日のスケジュールが時間通りにできている	スキル	%	90%	95	90	95	80	70			平均	86	95%
3	チームワーク：必ず誰かに手伝うかどうかを声掛けする	姿勢	回数	週20回	7	2	2	3	5			合計	19	15回

3 「グラフィック・フィードバックシート」(G・Fシート)

第15期	ハビタット株式会社　グラフィック・フィードバック【G・Fシート】	4月	必要なスキル	望ましい姿勢	部署	本人氏名
会社目標	営業利益　1.5億円　残業時間の前年比20%削減		リーダーシップ、指導・教育力、トラブル対応、スケジュール管理、率先垂範、仕事の質、仕事のスピード	理念の体現、チームワーク、チャレンジ・向上心、自責の精神	営業部	榎本あつし
組織目標	新サービスでの売上　1億円　残業時間の前年比35%削減				職種　営業　等級　L2	上長氏名　根岸　瑠子

#	パフォーマンス項目	種類	単位	週の目標（最大の場合）	第1週	第2週	第3週	第4週	第5週	合計or平均	今月の結果	今月のベスト	今までの自己ベスト
1	高付加価値の新サービス開発への取り組み時間	成果	時間	週15時間	8	8	12.5	8	16	合計	52.5	16	258時間
2	スケジュール管理：一日のスケジュールが時間通りにできている	スキル	%	90%	77	68	74	75	86	平均	76	86	95%
3	チームワーク：必ず誰かに手伝うかどうかを声掛けする	姿勢	回数	週20回	12	9	14	15	19	合計	69	19	15回

高付加価値の新サービス開発への取り組み時間

スケジュール管理：一日のスケジュールが時間通りにできている

チームワーク：必ず誰かに手伝うかどうかを声掛けする

4 「デッドマン&ビデオカメラテストシート」

　　　　［デッドマンテスト・ビデオカメラテストシート］

記載者 氏名　　　　　　部署　　　　　記載年月日　　年　　月　　日

□ パフォーマンス・レコーディング（P・R シート）に記載の、記録していくパフォーマンス・行動を、できるだけ具体的に、カウントできるような表現で作成してみましょう。

※【デッドマンテスト】【ビデオカメラテスト】をクリアできるような表現になると、記録が取りやすくなります。クリアしたら〇、しなければ×をつけましょう。

【デッドマンテスト】
「死人」にできること＝「行動」ではない。
死人にはできないようなことを、
パフォーマンス項目に書き出しましょう。
（否定形、受身形にならない）

【ビデオカメラテスト】
撮影したビデオをモニター越しに見た人が
分かるようなレベルの行動を、
パフォーマンス項目に書き出しましょう。
（抽象的・内面的にならない）

#	パフォーマンス項目候補	デッドマンテスト	ビデオカメラテスト
1			
2			
3			
4			
5			
6			
7			
8			
9			
10			
11			
12			

5 「パフォーマンス一覧（スキル項目・姿勢項目）」

（全10ページあります）

	スキル項目 （経験や知識、習熟によって向上する能力など）		パフォーマンス項目への変換例 （記録可能な具体的な行動の案など）	
No.	コンピテンシー	定義	パフォーマンス項目案	単位
1	ビジネスマナー・一般常識	社会人としてのマナーができているかどうか。一般常識があるかどうか。	① ビジネスマナーや一般常識の研修DVDを観る	時間
			② ビジネスマナーや一般常識の本を読む	頁数
			③ ビジネスマナーのロールプレイングを上司に見てもらう	回数
			④ ビジネスマナーや一般常識の勉強ノートを作る	頁数 時間
			⑤ ビジネスマナーや一般常識について、周りにチェックしてもらう。	回数
2	コミュニケーション	顧客、職場、取引先などとのコミュニケーションはできているか。	① 相手の話を聞くときは、片手間や他の作業をしながらではなく、向き合って聞く。	回数
			② 円滑な人間関係のため、仕事以外の話題を自分から話しかける。	回数
			③ あいづちやうなづきなどをしながら、傾聴や承認を行う。	回数
			④ 内容に間違いがないように、相手が理解しているかどうかの確認をする。	回数
			⑤ コミュニケーションに関する研修DVDや本を読む。	時間 頁数
3	整理整頓	身の回りや職場の整理整頓ができているかどうか。	① 自身のデスク周りの整理整頓を行ってから帰社する。	○×
			② 理想のデスク周り（写真に撮るなど）との比較で、整頓度はどれくらいか。	％
			③ 上司もしくは周りの人に、整理整頓度をチェックしてもらう。	点数
			④ PC内のデータの整理整頓を行ってから帰社する。	○×
			⑤ 使用したものは、必ず元の場所に戻す。	％ ○×
4	自社に関する知識	自社の概要・経歴・特徴・強みを知っているかどうか。	① 自社の商品やサービス、他社との差別点、長所などの勉強をする。	時間
			② 自社の成り立ち、歴史、組織構成などの勉強をする。	時間
			③ 周りから自社に関する質問を受け、回答の練習をする。	回数
			④ 自社の今後の方向性、ビジョン、将来、目標などについて何かしらのアウトプットをする。	回数
			⑤ 自社の周りの人（お客様、外部の関連業者、取引先）に自社についてのヒアリングをする	回数
5	接客・電話応対	来客、訪問、電話応対の際の振る舞いは適切かどうか。	① 電話は3秒以内に出て、相手の社名・名前・用件を聞き、伝達を忘れないようにメモに書き留める。	回数
			② 接客・電話応対のDVDを観たり、本を読む。	時間 頁数
			③ 電話を受ける際には、当社の社名、電話を受けた自身の名前を必ず伝え、担当が不在の時でも、「いない」では終わらず、こちらでできるかどうかの確認をしている。	回数
			④ 相手からかかってきた際には、必ず相手が切るのを確認して、静かに受話器を置く。	回数
			⑤ 自分への訪問ではない時でも、来客者の目を見て、お辞儀をして笑顔で挨拶をする。	回数
6	報・連・相	職場における報告、連絡、相談。上長や周りに対して、すぐに報告、連絡、相談をしているかどうか。	① 業務の進捗状況をこまめに上長へ報告する。	回数
			② ミスやクレーム、問題などの悪いことこそ早く伝えている。	回数
			③ 行っている業務が指定時間までに終わらない、または変更する場合、上司に口頭及びメールで伝える。	回数
			④ 報連相を行う場合は相手がいつ可能なのか、都合のいい時間を聞いている。	回数
			⑤ 「どうしたらいいですか」ではなく、「こうしたい」「これでもよいでしょうか」などの相談ができている。	回数
7	フォロワーシップ	上司や部下など、周囲の人をフォローする能力があるかどうか。	① 上司から受けた指示を、どのようにやれば効率的、効果的にできるかを、自分で一度考える。	回数
			② 上司の指示や判断に対して、問題点に気づいたり、よりよい意見がある場合は、しっかりと伝える。	回数
			③ 盲目的に指示に従うのではなく、指示の先にある目的や、そのためにはもっと良い手立てはないか考え、伝える。	回数
			④ 上司からの指示を周りや部下に伝えるときに、他人事ではなく、自身の指示として伝える。	回数
			⑤ より対応がしやすいように、また考えの理解を深めるために、上司とのコミュニケーションを自分から取る。	回数

214

6 「マンスリー・ミーティングシート」（M・Mシート）

期	ハビタット株式会社　マンスリーミーティング（M・Mシート）		ミーティング時に用意するもの		部署	本人氏名
会社目標	営業利益 1.5億円　　残業時間の前年比20%削減		☐ このマンスリー・ミーティングシート（M・Mシート）		営業部	榎本あつし
			☐ 先月分のグラフィック・フィードバックシート（G・Fシート）		職種　等級	上長氏名
組織目標	新サービスでの売上 1億円　　残業時間の前年比35%削減		☐ 継続グラフィック・フィードバックシート（C・G・Fシート）		営業　L2	根亜　瑠子

このミーティングの目的	4月	5月	6月	7月	8月	9月	その他
●今記録している「パフォーマンス項目」を続けるか、変更するかの話し合いをする場です。	/	/	/	/	/	/	/
※今の組織の状況、パフォーマンス項目の効果などをお互いに考えて、積極的に変更していきましょう。	10月	11月	12月	1月	2月	3月	その他
※「良い・悪い」の評価をする場ではなく、より自身の成長、目標の達成に近づくことを考える場です。	/	/	/	/	/	/	/

（実施日）

① 準備	② ミーティング	③ 次月の取り組みへ
ミーティング実施の手順 本人が、必要な各シートを用意します。 下の振り返り欄を記載しておきましょう。 パフォーマンスが上がっているかどうか、変更した方がよいか、検討しておきます。	ミーティングは長くても30分以内に完了しましょう。 お互いに本人が取り組んでいる「パフォーマンス項目」が、今の組織や本人の成長において、適切かどうかを検討します。またパフォーマンスが引き上がっているかどうか、上げるためにはどんなことをしてみるか、などを話し合います。	パフォーマンス項目に変更がある場合は、どの週から始めるかなどを決め、P・Rシートを作成します。 また、来週以降の「ゴール・セッティング」を行います。 下記の欄に決めたことを記載しておきましょう。 次月のミーティングの予定の確認などもしておきます。

本人振り返り	ミーティングで決めたこと

7 「継続フィードバックシート」（C・G・Fシート）

期	ハビタット株式会社　継続グラフィック・フィードバック（C・G・Fシート）		継続計測のパフォーマンス項目		部署	本人氏名
会社目標	営業利益 1.5億円　　残業時間の前年比20%削減				営業部	榎本あつし
			チームワーク：必ず誰かに手伝うかどうかを声掛けする		職種　等級	上長氏名
組織目標	新サービスでの売上 1億円　　残業時間の前年比35%削減				営業　L2	根亜　瑠子

#	第1週	第2週	第3週	第4週	第5週	第6週	第7週	第8週	第9週	第10週	第11週	第12週	第13週	第14週	第15週	第16週	第17週	第18週
1	8	8	12.5	8	8	7	9	8	9	10	9	10	10	9	11	10	12	11
#	第19週	第20週	第21週	第22週	第23週	第24週	第25週	第26週	第27週	第28週	第29週	第30週	第31週	第32週	第33週	第34週	第35週	第36週
2	10	5	14	11	10	12	10	14	16	10	12	13	14	13	14	8	15	16
#	第37週	第38週	第39週	第40週	第41週	第42週	第43週	第44週	第45週	第46週	第47週	第48週	第49週	第50週	第51週	第52週	第53週	自己ベスト
3	17	18	14	14	16	14	18	17	19									19

チームワーク：必ず誰かに手伝うかどうかを声掛けする

【評価をしない評価制度概要書】（全20ページあります）

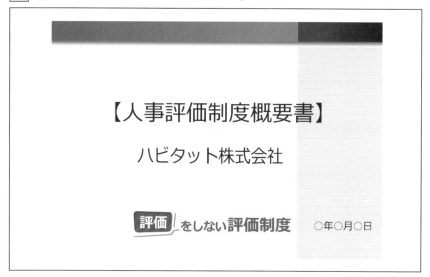

【人事評価制度概要書】

ハビタット株式会社

評価 をしない評価制度　　○年○月○日

9 「人事評価の危険度チェックリスト」（おまけ）

人事評価制度　危険度チェックリスト

現在運用している人事評価制度、下記の50項目をチェックしてみましょう。
半分以上、チェックが付くようでしたら危険信号。
形骸化している、効果が出ない、負担だけ多いなどの人事評価をやってしまっている可能性が大です。

☐	1	人事評価を行なっている「目的」が明確でない
☐	2	社員に何のために人事評価を行なっているか聞いても答えられない
☐	3	5年以上、評価項目は変わっていない
☐	4	どこからかに入れた他社の評価項目をつかってる
☐	5	オープンな固定の昇給表を社員に周知している
☐	6	これだけ頑張った、これだけ給与・賞与があがるという動機づけを図っている
☐	7	給与や賞与の調整のために、評価を変えてしまうことが多い
☐	8	最終評価が変わっても、一次評価者に説明していない
☐	9	一次評価者は、最終評価を他人のように伝えている
☐	10	結局、毎年同じような評価に最後で調整している
☐	11	評価から次の評価までの間に、中間チェックをしていない
☐	12	評価期間以外は、多くの社員が人事評価のことは忘れている
☐	13	人事評価とは、期末に点数をつけることと、多くの社員が思っている
☐	14	ほとんどの社員が、自分の評価項目が何かが、期末までわかっていない
☐	15	期初のスタート時に、評価項目を話し合うことはほとんどない
☐	16	評価シートに合計点数が出て、すぐ分かるようになっている
☐	17	評価をつけるときは「数字（1・2・3など）」でつけている
☐	18	評価点をつける際の個数は「奇数」である（1〜5、1〜3など）
☐	19	評価項目が30個以上ある
☐	20	評価シートは一人につき複数枚ある（目標管理と能力評価は別など）
☐	21	評価基準（点数をつける基準）が別紙になって説明されている
☐	22	会社目標、組織目標を明確に示していない
☐	23	会社目標、組織目標が本人の評価シートに記載されていない
☐	24	本人評価を見て、上司が評価を行っている
☐	25	上司は本人評価に引っ張られてしまっている
☐	26	目標管理制度の内容をみると抽象的である（徹底、強化、把握という目標が多い）
☐	27	経理、総務などの本部の目標が通常業務になってしまっている
☐	28	「〜〜をゼロにする」というような目標設定をしている人がいる
☐	29	「〜〜100%にする」というような目標設定をしている人がいる
☐	30	従業員アンケートを実施するが、実施した後のフィードバックができていない
☐	31	貢献度の高い社員からの人事評価に対する不満が多い
☐	32	貢献度の低い社員からの不満を、公平性のためによく聞き反映している
☐	33	個人目標は、皆ハードルを低くするようになってしまっている
☐	34	個人目標の進捗状況の確認を期中にしていない
☐	35	個人目標が会社や組織の目標と連動していないことがある
☐	36	個人目標が毎年同じような内容になっている
☐	37	個人目標が皆、同じような目標になっていて、人による違いが少ない
☐	38	毎年、多くの人が目標は達成できていない
☐	39	毎年、ほぼ全員が目標を達成している
☐	40	自身の目標を覚えていない
☐	41	評価者研修をここ数年実施していない
☐	42	一次評価者同士での「評価者ミーティング」を実施していない
☐	43	評価結果を伝える「フィードバック面談」を実施していない
☐	44	期中に、部下との目標の成長に関するコミュニケーションはほとんどない
☐	45	本人評価では、一番いい点しかつけてこない社員がいる
☐	46	上司評価では、真ん中ばかりしかつけてこない評価者がいる
☐	47	評価結果を伝える「フィードバック面談」では、上司ばかりが話している
☐	48	期末の印象が良い社員が、評価も高くなってしまっている
☐	49	上司は、自分自身と比べて評価をしてしまっている
☐	50	一度評価し終わったあとに、合計点を見て中身を調整してしまっている

本文中のワークの解答

A　73ページ／成果・行動・パフォーマンスの解答

	成果	パフォーマンス	行動
チームの残業時間を削減する	○		
年間予算を達成する	○		
本を読む			○
資格試験に合格する	○		
会議で発言をする			○
始末書を書く			○
機械操作をミスなくできる		○	
仕様書どおりの設計ができる		○	
満足度調査で80%以上にする		○	
研修資料をまとめる			○
経営理念を見ずに唱和する		○	
契約を10件受注する	○		

A　106ページ／「4つのパターンのどれ？」の解答

問題❶：「④好子消失による弱化」
　お小遣い（好子）がなくなり、誘わなくなった（弱化）

問題❷：「①好子出現による強化」
　苦笑いは嫌子のような気もしますが、結果としておやじギャグは増えている（強化）ので、苦笑いは「好子」となります。

A　110ページ／ＡＢＣ分析ワークの解答

問題①
Ａ：先行条件「たくさん仕事を抱えている」　Ｂ：行動「仕事を振る」
Ｃ：結果「仕事が完了した」　上向き↑　【嫌子消失による強化】
問題②
Ａ：先行条件「野球観戦を楽しみにしている」　Ｂ：行動「仕事を入れる」
Ｃ：結果「観戦に行けなくなった」　下向き↓　【好子消失による弱化】

A　194ページ／デッドマン・ビデオカメラテストの解答

これはパフォーマンス？	デッドマンテスト	ビデオカメラテスト
お客様第一を徹底する	○	×
チェックされてミスがない	×	○
手順を最後まで暗唱で言える	○	○
提案書を朝一で提出する	○	○
不満を言わないでいる	×	×

各資料のダウンロードアドレス

　７章に掲載している資料と、207ページのコラムで紹介している「人事評価の危険度チェックリスト」は、すべてMicrosoft社のWord、ExcelおよびPowerPointにて作成しています。

　この本をご購入いただいた特典として、これらの資料をダウンロードにてご提供させていただいています。ぜひ、「評価をしない評価制度」の構築にチャレンジしてご活用いただければ嬉しいです。

　また、大変恐縮ですが、自社での活用のための限定で、商用での再配布・再使用はご遠慮いただいています。

　著作権は放棄していませんので、なにとぞご了承ください。

　弊社のＷＥＢサイトから、下記アドレスをご入力いただくと、特典専用のページになっています。

　そのページの専用フォームより、お名前とメールアドレスを入力いただけると、自動返信メールにてダウンロードアドレスをお届けしています。

https://millreef.co.jp/no_eva_tokuten/

　また、本書をお読みになったご感想などもいただければ、大変に嬉しく思います。

　なお、各種資料に関しては、今後も改良を重ねていく予定です。

　まだまだ生まれたばかりの「評価をしない評価制度」ですので、今後の実践を重ねて、よりよいものにしていく所存です。

　その際に、ダウンロードいただいた方には、登録されたメールアドレスに最新資料や情報などをお送りするようにします。

　どうぞよろしくお願い申し上げます。

おわりに

　本書を最後までお読みいただき、ありがとうございます。

　「評価をしない評価制度」ということで、いったい何のことか、と思われて手にとった方もいらっしゃると思います。

　何かしらご参考になる部分、ヒントとなる要素を見つけていただけたら、と思っています。

　ちなみに、本のなかに登場したサンプル企業は、弊社に併設している社会保険労務士法人の名前で、同じロゴを使っています。

　このロゴを見た妻の一言が、「自然素材の玩具のお店みたいね」だったので、今回ちょっと使ってみました。

　本文でも説明していますが、「評価をしない」ということは、決して「ほめるなどの評価には意味がない」というわけではない、ということを、ここでも改めて言っておきたいと思います。

　人を動機づけすることにおいて、まわりの人からの承認は、非常に大きいものです。子どものころから、人はそのような成功体験を経験しながら成長しています。

- お手伝いを頑張ったら、親が「えらいね」とほめてくれた
- 試合で勝ったら、仲間から「格好いい！」と言われた
- 会社で新しい提案をしたら、社長が「おぉ、いいねこれ！」と笑顔で認めてくれた。

　このような「成功体験」が動機づけとなって、より行動が起きやすくなり、成長へとつながっていくのです。これらのことは、まわりからの「評価」なので、大いにやってほしいと思います。

　上司から部下への、ちょっとしたコミュニケーションによるフィードバックがたくさん起こると、どんどん自ら行動する人が増えることでしょう。

「評価をする」という目線で部下を見ることをやめて、成長させる、成果を出させるサポート役となると、きっとマネジメントしなければならないという荷がおりて、部下への接し方も変わってくるかもしれません。

「評価をしない評価制度」の開発は、私にとっては、人生においても集大成となるようなものとなっています。

ずっと仕事として行なってきた人事制度に関する業務、そしてライフワークとしてずっと研究してきたＡＢＡ（応用行動分析学）。弊社の、そして私の、この大きな二つの柱でできているのが、「評価をしない評価制度」なのです。

この制度を通じて、日本の企業、組織のパフォーマンス向上、生産性向上の一役を担えれば、と思っています（自分自身のことでいっぱいいっぱいのなか、だいぶおこがましいですが…）。

人事制度にかかわる仕事を15年以上してきて、この本の出版の時期は、個人的には少し転換期を迎えています。

いままでずっと、私自らがお客様のところにうかがい、一緒に人事制度などをつくっていく、並走して運用していく、というように、自分で動いて現場の仕事をやってきました。

ただし、ここにきて、いままで自分自身でやってきたこと、つくってきたことを、まわりの人に伝授する仕事をするようになってきました。そして、自分にはそちらのほうが向いているような気もしています（思い込みかもしれませんが）。

人生の折り返し地点は、とうに過ぎているので、これからはそちらのほうに仕事をシフトしていきたいと思っています。

人事制度のコンサルティングをする人たちへのサポート──これを、私の残りの人生の大きなミッションとして、頑張っていこう、と思っている次第です。

本書の執筆にあたっては、いつも私の企画を、そのまま「いいですよ、やりましょう」と言って受け入れてくださり、締め切り間際まで私が動き出さないという、毎回ご迷惑をかけっぱなしである、編集者の小林様に、まずは御礼申し上げます。本当にありがとうございました。

　そして、パフォーマンス・マネジメントでの事例を教えてくれたり、シートの開発やＡＢＡに関する相談に乗ってもらった、弊社の八重樫さんにも本当に感謝しています。まだまだ年齢も若いですが、日本で一番のＯＢＭ（組織行動マネジメント）コンサルタントとして、飛躍していってほしいですし、そうなれる方だと思っています。
　また、例のごとく、いつも私が事務所にいないなかで、事務所を守っていただき、数々の雑務や社会保険労務士の業務を頑張ってくれている竹内さんをはじめ、佐々木さん、山口さん、久保内さん、杉田さんにも、この場を借りて改めて御礼を申し上げます。
　このような本を書いているくせに、自分自身は頑張ってくれる仲間をあまりほめていないような気がします。何だか照れくさくてあまりやっていないです。ダメですね。なので、この場を借りて感謝の意を伝えます。

　そして、本書を手に取ってくださったあなた。関心をもってくださり、本当にありがとうございます。ぜひ一度、この「評価をしない評価制度」にチャレンジしてみてください。そのご感想などをいただければ、大変嬉しく思います。

　最後までお読みいただき、誠にありがとうございました。

著　者

【著者の活動】

◎人事制度の学校
https://ps-school.net/
＜人事制度を学ぶためのプラットフォームサイト＞
オンラインでの講座や、相談窓口としてのコンシェルジュサービスなどを実施。本書の「評価をしない評価制度」をマスターするための研修講座なども用意。

◎株式会社 MillReef（ミルリーフ）
https://millreef.co.jp/
＜「Ａ４一枚評価制度」「評価をしない評価制度」などの中小企業向け人事制度の導入および運用支援サービス＞
「会社ルールブック」という組織活性化ツールの導入サービスや、企業研修、セミナーなども行なう。

◎社会保険労務士法人 HABITAT（ハビタット）
https://habitat-sr.jp/
＜企業の労務サポートを行なう社会保険労務士法人の事業＞
● 人事・労務相談などのアドバイス業務
● 社会保険・労働保険等の諸手続きの代行業務
● 就業規則や労務書式などの整備業務
● 給与計算などのアウトソーシング業務

◎一般社団法人日本ＡＢＡマネジメント協会
https://j-aba.com/
＜ＡＢＡ（応用行動分析学）に関する研究や勉強会、企業コンサルティングの実施＞
● ＯＢＭ（組織行動マネジメント）の実践会の開催
● ＡＢＡ（応用行動分析学）のセミナー、研修などの実施

榎本あつし（えのもと　あつし）

社会保険労務士。株式会社MillReef 代表取締役、社会保険労務士法人HABITAT代表社員、一般社団法人行動アシストラボ代表理事、一般社団法人日本ABAマネジメント協会 代表理事、日本行動分析学会 会員。

1972年、東京都立川市生まれ。法政大学経済学部卒。大学卒業後、ホテルにて結婚式の仕事等に携わる。2002年、社会保険労務士試験合格。人材派遣会社人事部に転職後、2005年12月に社会保険労務士として独立。現在は、人事評価制度に関するコンサルタントとしての仕事を主要業務としている。ABA（応用行動分析学）の理論を用いた組織活性化業務を得意とする。

2015年に出身地の東京都福生市にオフィスを移転。妻と娘と猫2匹とともに、趣味の旅行と一口馬主を楽しみながら暮らしている。将来の夢は、猫のトレーニング会社の設立。

著書に『人事評価で業績を上げる!「A4一枚評価制度®」』『「A4一枚」賃金制度』『自律型社員を育てる「ABAマネジメント」』『働き方改革を実現する「会社ルールブック®」』（以上、アニモ出版）がある。

評価をしない評価制度
（ひょうか　ひょうかせいど）

2021年 1 月15日　　初版発行

著　者　榎本あつし
発行者　吉溪慎太郎
発行所　株式会社 **アニモ出版**
　　　　〒 162-0832 東京都新宿区岩戸町 12 レベッカビル
　　　　TEL 03(5206)8505　FAX 03(6265)0130
　　　　http://www.animo-pub.co.jp/